读懂幼儿的思维

图式与幼儿的学习

—第4版—

[英] 凯西·纳特布朗（Cathy Nutbrown）著

范明丽 刘红萍 译

Threads of Thinking
Schemas and Young Children's Learning

上海社会科学院出版社
SHANGHAI ACADEMY OF SOCIAL SCIENCES PRESS

献给我深爱的贝塞妮

2010 年 8 月

如果我们把学习看作个人成长的部分，并且关心个人成长的质量和成果，那么我们就必须运用相关术语来明确自己的目的、表达自己的思维。我们对思维的表达常常受限于所用的词汇，使用不恰当的语言是不能解决问题的。我们需要使用的不是建筑业或机械学的语言，而是生物学的语言——生根、发育和成长——因为我们关注的不是机器，而是活生生的、正在成长着的生命。如果我们的思考是基于幼儿的思维如何生根、生出了什么根，以及这些根如何得到最好的滋养，那么，我们就必须使用与之相应的术语来表达。

——克里斯汀·席勒（Christian Schiller）

作者简介

凯西·纳特布朗是谢菲尔德大学教育学院的教育学教授和研究室主任。她的研究工作涉及艺术家在儿童早期居住环境中的作用、早期融合教育、儿童的权利、课程开发、与父母合作的早期识字教育，以及涉及幼儿的研究伦理等问题。凯西教授的是幼儿教育领域的硕士和博士课程。她的职业生涯始于幼儿教师，并自此开始了与儿童、父母、教师和其他早期教育者在各种场合、不同角色中一起工作的经历。

凯西致力于探寻"尊重"幼儿的工作方式，认为应该在"尊重教育"的背景下来考察早期教育的课程和教学质量。她是《早期儿童研究杂志》（Journal of Early Childhood Research）的主编，在塞奇公司出版了多本著作。

致 谢

曾经，我作为一名幼儿教师，曾与家长、教师、其他早期教育者、学生和研究者一起工作多年。在那些日子里，我以不同的方式与许多不同的人接触和共事。我们之间的对话，我们之间分享的思想、情感和观点都影响着彼此的思考，同时，这种丰富的互动也促进了我的工作。感谢与我有过联系的成人和儿童，正是与他们的接触给我提供了素材去思考，去质疑，并形成建议与观点。

第 4 版是在前 3 版的基础上修订完成的。在不同的国际政策背景下，这一版回应了很多早期教育者对幼儿图式的兴趣和问题。我要特别感谢我的硕士和博士研究生们，他们持续努力钻研早期教育中的复杂问题，试着更深入地理解幼儿如何学习。

我要一如既往地感谢克丽丝·艾希（Chris Athey）为促进我的研究所做的开创性工作；感谢安·夏普（Ann Sharp）和安·赫德利（Ann Hedley）在我早期从教生涯中为我提供探索图式的机会；感谢弗朗西丝·阿瑟顿（Frances Atherton）和乔斯·佩吉（Jools Page）允许我在书中使用他们所做的3岁以下儿童的观察记录；感谢"大胆探究"（Daring Discoveries）项目组提供的在早期教养环境中幼儿与艺术家合作的情况，感谢海伦·琼斯（Helen Jones）和汉娜·维罗（Hannah Verow），唐卡斯特艺术团，以及莫亚·斯凯奇利（Moya Sketchley）和凯蒂·马修斯（Katie Matthews），他们都是参与"大胆发现"项目的艺术家，由创造合作公司资助。特别感谢马德琳·林德利图书中心的凯蒂（Katie）和爱玛（Emma），她们帮忙挑选了第七章中的故事。非常感谢孩子们、父母们和早教机构允许我使用本版书中所包含的图画。

感谢塞奇（Sage）公司出版团队为本书第4版付梓所给予的支持，感谢谢菲尔德大学儿童、家庭和学习社区研究中心的同事们，他们使早期儿童教育研究成为一项充满合作性和鼓舞人心的工作。

我永远感谢这些最特别的爱。

作为本书作者，我和出版商还要做以下致谢：

部分故事内容摘录自露丝·布朗（Ruth Brown）的《暗黑故事》（*A Dark Dark Tale*），版权©1981。经"幼儿读者电话簿"（Dial Books for Young Readers）授权使用，该机构是"企鹅幼儿读者组织"（Penguin Young Readers Group）的成员，也是企鹅集团（美国）公

司 [Penguin Group (USA) Inc.] 的成员。公司地址：345 Hudson Street, New York, NY10014. 该机构保留所有权利。

露丝·布朗的《暗黑故事》经安徒生出版有限公司（Andersen Press Ltd.）许可转载。

里面——里面——里面章节的地址，摘录自威尔弗雷德·卡尔（Wilfred Carr）的《致教育》（*For Education*, 1995）。经开放大学出版社（the Open University Press）许可转载。

前言

本书将讨论教师如何与幼儿一起工作，如何促进3～5岁幼儿高质量地思考和行动。

在本书中，笔者使用了10年来在从教经历中观察到的幼儿谈话、行动、表征和思维的案例，从而说明幼儿图式的某些侧面，展示幼儿作为学习者的能力，并提出在幼儿教育中发展实践的方法。一些数据或许已经被多种不同的方式使用和分析过，本书所做的阐释，是我自己对幼儿在成长和学习过程中所表现出来的行为复杂性的解释。

本书里的绝大部分观察案例来自托幼机构，其他的则来自儿童在家庭中的"行动"（in action）。厘清在不同情境中与儿童一起工作的成人的术语至关重要。"兰布德报告"（The Rumbold

Report, DES, 1990）曾试图用"教育者"这个词来指代以某种方式与幼儿互动的所有人，从而解决定义上的困难。报告认为所有成人，包括父母、临时照护者、游戏小组工作人员、教师、托儿所保育员、保姆等都在帮助幼儿学习方面起着重要作用。最近，政策文件更倾向于使用"从业者"一词作为总称，指代那些无论在何种情况下与幼儿一起工作的人。在英国，当前还出现了一类新的对早期教育从业者的称呼，即"早期专业人员"——这个称呼很难在国际范围内来翻译。尽管这些不同的称呼及其变化试图囊括与幼儿相关的工作的多重属性，以及可能蕴含的幼儿学习情境的多样性，但却存在着角色和责任划分不够明确的问题，有可能模糊有关幼儿的服务供给，以及幼儿教育从业者的培训、地位、职责、报酬和资质。人们不时会有一个危险的假设，即任何人或每个人都可以与幼儿有效地开展合作。如果我们将每个参与幼儿活动的人都称为"教育者"，甚至称其为"专业人员"，那么对于明确区分父母和教育者的角色、职责和作用的讨论就会陷入混乱，与儿童相关的不同类型工作的特殊职责也将变得模糊或不易理解。当然，使用"教育者"或"从业者"这样的通用词汇来描述与幼儿一起工作的人可能会有好处，但有时更具体的专业身份不仅有用，而且重要。在本书中，笔者试图以多种方式来解决这个问题：使用特定的专业称谓来描述特定观察场景中的成人。将父母就称之为父母，同时承认他们在儿童学习与发展中的重要性和独特性；将托幼机构内的教育者称为"专业教育者""从业者"或"幼儿教育者"。"专业教育者"特指参加过相关培训、具有任职资格的成人，他们不仅了解儿童的学习方式，而且能够主动思考在集体教育环境中如何更好地与幼儿互动。在许多案例中，这个术语特指教师，因为教师正是笔者观察记录中的专业教育者。

本书旨在提供证据，说明幼儿是如何在其所处的世界中思考和学习的。本书还借鉴了恰当的理论来解释幼儿语言、动作和表征的案例。需要特别说明的是，本书运用了艾希（Athey, 2007）著作里的理论，尤其是图式理论来探讨理解幼儿学习的方式。

本书尝试深入思考幼儿的行为和互动，因此，这是一次深入探索幼儿丰富内心世界的发现之旅。笔者在书中阐述了自己对问题的思考以及与幼儿一起工作的方法。笔者邀请读者共同分享这一思考过程，回到我们最了解的幼儿那里，进行自己的观察，提升自己对于幼儿思维的思考，运用所学的思维图式支持、挑战和拓展幼儿的思维与学习，在这个动态过程中发挥自己的作用。这样丰富的历程能够超越政策且不会随之改变，它需要依靠深厚的知识和高度的责任心来思考和回应幼儿的行为。

虽然艾希的著作在20世纪80年代就首次出版了，但"图式"这一术语成为儿童早期教育语言体系中被理解和接受的一部分，确实花费了一些时间。关于如何支持儿童的图式，需要更加深入的理解，我希望本书第4版能够帮助那些与幼儿一起工作的人增进这一理解。

凯西·纳特布朗

2010年8月

目录
contents

作者简介 ... i
致　谢 ... ii
前　言 ... v

PART I
第一部分　幼儿的学习 ... 1

第一章　关于幼儿学习的思考 ... 3
Thinking about young children learning

第二章　关于图式的一些问题 ... 18
Some questions about schemas

PART II
第二部分　幼儿的学习模式 ... 53

第三章　幼儿学习的一致性、连续性和渐进性 ... 55
Consistency, continuity and progression in young children's learning

第四章　行为的一致性图式
——对三个幼儿的个案研究 ... 82
Schemas as consistent patterns of behaviour: studies of three children

PART III
第三部分　图式与幼儿的认知发展　　115

第五章　儿童数学和科学认知的发展　　117
Children's developing understanding of mathematical and scientific ideas

第六章　读写学习的模式　　147
Patterns of literacy

第七章　用故事培养儿童的思维　　178
Nourishing children's thinking through stories

PART IV
第四部分　对早期教育的启示　　215

第八章　为思考的儿童提供的课程　　217
A curriculum for thinking children

第九章　学习评价　　239
Assessment for learning

第十章　与父母一起工作　　259
Working with parents

参考文献　　284

引用儿童书籍　　293

后　记　　296

图表清单

图 2.1　克雷格的地图　　　　　　　　　　　27
图 2.2　大卫画的隧道游戏　　　　　　　　　29
图 2.3　罗茜-安妮的计算机　　　　　　　　29

图 3.1　"这是肠子"　　　　　　　　　　　69
图 3.2　海蒂画的自己和她的朋友们　　　　　74
图 3.3　贝丝的画"我——花园里的彩虹、阳光、
　　　　花朵和草"　　　　　　　　　　　　75
图 3.4　雅各布的画　　　　　　　　　　　　75

图 4.1　"这是一架梯子……"　　　　　　　85
图 4.2　"我的手上都是蜘蛛网"　　　　　　90
图 4.3　"停车场里有三辆汽车"　　　　　　100
图 4.4　"拖拉机的轮子"　　　　　　　　　107

图 6.1　鼓励儿童自然生成性书写的支持方案　151
图 6.2　"我正在写"　　　　　　　　　　　163
图 6.3　"这是书写"　　　　　　　　　　　164

图 6.4 "这上面写着:男孩子可以去办公室了"	165
图 6.5 "这是'Lori'的一部分,我还不会写"	167
图 6.6 "写一扇门"	168
图 6.7 詹姆斯的画	169
图 7.1 安妮的书	185
表 7.1 有助于幼儿学习的故事	208
图 8.1 内部和外部的空间组织	232
表 9.1 三种目的不同的早期评价特征	241
表 9.2 什么是尊重性的教育工作者?什么是尊重性的教育?什么是尊重性的评价?	254
表 9.3 观察和评价表例	256

第一部分

幼儿的学习

PART 1

> 皮亚杰（Piaget）、维果斯基（Vygotsky）、艾萨克斯（Isaacs）和其他杰出教育者的早期研究，从不同角度说明了儿童思维的特征，拓展了我们对于幼儿认知发展的知识。
>
> 幼儿教育工作者以往的观察结果表明，儿童在发展思维能力时会问一些相当不可思议的问题，并进行复杂的学习。
>
> 本书的核心是在一段时间内对儿童的观察。持续而耐心的观察可以为我们提供关于儿童如何操作、看待以及思考世界的新见解。基于观察的反思性实践可以是全纳型实践，它为那些幼儿教育工作者提供了基础性的信息，这些信息使他们可以根据儿童的知识和能力，有计划或即时地与儿童进行互动。
>
> 第一章举例说明了儿童是如何理解自己的经验并进行因果推理的。第二章讨论了艾希的相关研究，并回应了教师有关图式和幼儿学习的一些常见问题。

第一章

关于幼儿学习的思考

Thinking about young children learning

> 一个3岁的小女孩坐在河边，脚趾轻轻点着缓缓流动的河水。她看着昆虫掠过水面，专注地盯着一条游到她脚边的小鱼。小女孩耐心地观察了大约20分钟。没人知道她正在想什么，但毫无疑问，对周围环境的用心探究占据了她此刻生命的全部。没人告诉她去研究她身边的水和野生动物，也没人要求她安静地坐在那里以及观察周边。她的这种兴趣完全来自她对周围世界天然而本能的好奇心。

教育幼儿的成人必须时刻意识到，幼儿有能力发展成为耐心的观察者，尤其是当成人给予他们足够的时间和空间这样做的时候。如果我们的教学计划总是建立在人为划分的"学科"

基础上，那么这种教学是很难有效果的。正如上述小女孩在河边专心探究她周围的环境一样，幼儿在家里、在社区中也会有许多不同的探索经验，这些经验如同他们在托幼机构获得的由教师专门设计的活动一样，能探索科学观点、学习数学并发展语言。

在以下案例中，孩子们正是通过真实而直接的经验来学习的。他们都在玩水或用水来工作，佐伊（4岁），阿沙克（6岁），卡门和约翰（8岁和7岁）的观察结果显示，直接又引人入胜的玩水经验，能够为儿童提供有趣的学习机会。

4岁的佐伊

幼儿园里，佐伊正在用水池里的水壶和水车玩水。她花了很长时间给水壶灌水，然后将水对着水车倒下去，观察水车的转动。她以不同的速度和高度往下倒水。她的老师一直看着，最终问她道："你能告诉我发生了什么吗？"佐伊看着老师，开始解释："轮子不喜欢被淋湿，所以它跑得很快来躲开水。当所有的水都流没了，它就又停下来了！"佐伊知道是水使轮子转动的，但她赋予了轮子思想和感情。在这个案例中，我们可以看到幼儿对于外力、重力和力量等科学原理的早期体验及其推理思维的萌芽。佐伊开始探索并认识速度，获得原因、功能和效果等观念。

6岁的阿沙克

阿沙克在车库看妈妈用喷水枪冲洗汽车。他专心地观察了一会儿,然后问妈妈他可不可以试试。当他把水枪对准轮胎上的泥,并看着水枪喷出的水柱把泥冲掉后,说:"如果水枪离轮胎越近,泥就会掉得更快,这是因为水柱离轮胎越近就越有力;如果从远处喷水,有些泥就不会被冲掉。"

6岁的阿沙克把他洗汽车时发现的事情告诉了老师。为了进一步加深阿沙克的理解,拓展他的兴趣,在一个炎热的夏日,老师和阿沙克一起用喷水枪和水管工作。当水从院子里的软管中流过时,老师提出了"如何?""为什么?"和"如果……会怎样"的问题。阿沙克不仅对老师提出的所有问题都做了合理回答,还提出了自己的问题。阿沙克因而掌握了虹吸原理,同时,老师也给他介绍了一些适宜的术语。后来,为了进一步探索水的奥秘,阿沙克和一些幼儿一起有目的地创造活动,以解决他们有关水的问题。

学习并不是在学校才开始和结束的。和妈妈一起在车库获得的经验打开了阿沙克的思维,在教师的帮助下,阿沙克能够在学校里和他的同伴一起扩展关于水的经验。

8岁的卡门和7岁的约翰

卡门和约翰在家里的花园给玩具娃娃洗澡以及洗玩具娃娃

所有的衣服。他们给娃娃和它们的衣服倒上越来越多的肥皂泡沫。孩子们高估了所需肥皂水的量,因为他们认为娃娃太脏了,需要放很多肥皂水才能洗干净。约翰决定换上清水,用没有肥皂的水再把所有东西洗一遍。以下对话或许能为我们认识幼儿的推理和理解提供一些思路:

卡门:这次把水弄得凉一些,这样泡泡会少一些。

约翰:怎么弄?

卡门:不太清楚,但确实有用,妈妈在水池中洗帽衫时就是这么做的,泡泡就少了。

约翰:是不是因为水太凉了,所以泡泡都破了。

卡门:可能是,也许冷水更细一些,能够穿过那些膜(membranes)。

约翰:大脑!泡泡有大脑吗?

卡门:不!是薄膜!它就像一种看不见的膜,一种像皮肤一样的东西,能够把空气困住。有时可以在电视节目中看到它们。

约翰:那空气是怎么进去的呢?

卡门:嗯,是肥皂让进去的。现在弄点凉水来。

约翰:要多凉?

卡门:凉的!一点热水都不要放,尽管你可以放一点温水,就是我妈妈说的"不烫手"的水。

约翰:意思是和我的手一样热的水吗?

卡门：就是你可以把手放进去，不会热得把手烫红，也不会冷得把手指冻伤的水。

约翰：我打赌按我说的做要比换掉所有的水来得更快。

卡门：怎么做？

约翰：把这些东西都放到水龙头下面冲，直到把泡泡都冲走，然后拧干。

卡门：或者！我们可以用浴室里的喷头给它们洗个澡。那样肯定有用。

约翰：我在电视上见过。

卡门：什么，冲水吗？

约翰：不，喷出来的是油。

卡门：什么？

约翰：如果你把油喷出去，它会爆炸，会污染环境和海洋，油就是会这样。

卡门：就像如果你往头发上抹香皂，用淋浴就能冲掉一样。我们先洗一下娃娃，它们的头发上全是泡泡。

约翰：爸爸说，一些微粒撞击油，然后油就会爆炸。

卡门：油有膜吗？

约翰：不知道。把外套给我。油不像水那么重，它浮在水上。我也在电视上见过。

卡门：我们真聪明！

约翰：如果这样做有用的话，我们确实聪明。我打赌能行。假期我妈妈就总是这样让我洗淋浴。

卡门和约翰正在交换他们通过各种途径包括父母和电视所获得的知识要素，并运用他们的既有知识来尝试解决当前的问题。他们在探索，在发现，在检验彼此的观点，在预测结果，在形成假设并得出结论。他们目标明确地进行合作游戏。苏珊·艾萨克斯（Susan Isaacs, 1930, 1933）在麦芽屋学校[①]对儿童进行了三年半的细致观察，发现了丰富的环境和自由探索是如何引导儿童提出众多问题，并激发他们寻找答案的。

随着不断地成长，儿童的经验也更加丰富，如果成年人花时间与他们相处，拓展他们的兴趣并解释世间万事，激发他们的行为和想法，引领他们进入新的领域以及与他们交谈，他们便会逐渐使用不同的语言和术语来解释自己的推理。正是儿童的言语，向我们揭示了他们对意义的理解和掌握。如果儿童能够清晰地表达自己的想法，那么他们的父母、老师和其他教育者将更容易帮助他们完善和进一步发展这些想法。因此，花时间倾听儿童，与他们交谈，让儿童有机会分享他们的假设，提出问题并完善他们的想法，这些都至关重要。

如果我们反思上述三个案例中儿童在玩水时运用的语言，

---

① 麦芽屋学校是由杰弗里·皮克（Geoffrey Pyke）资助，在英国剑桥开办了五年（1924—1929）的一所特殊教育学校，因苏珊·艾萨克斯在此的教学和对此的著述而对早期教育产生了持久的影响。——译者注

就会发现他们的思维和理解水平是不同的。4岁的佐伊解释说："它跑得很快来躲开水。"6岁的阿沙克观察道："如果水柱离轮胎越近，泥就会掉得越快。"7岁的约翰说："微粒撞击油，然后油就爆炸了。"8岁的卡门说："薄膜，就像一种看不见的膜，一种像皮肤一样的东西，能够把空气困住。"如果儿童能够在幼儿期玩到他们世界里的各种材料（水、沙、土和泥等），那么他们就能通过这些材料来发展更多的概念（Hutt et al., 1989）。如果儿童很少接触这些自然材料，那么之后他们将会需要一些时间先来探索这些材料的特征和属性，然后才能使用这类材料来应对挑战，解决问题。

如今，对儿童安全的担忧和城市生活限制了孩子对世界的自由探索。贝克（Beck, 1992）在《风险社会》（*Risk Society*）一书中提道：风险与现代化息息相关，因此必须予以"消除或否认，并进行重新诠释"。鲍曼（Bauman, 1993）讨论了这样一种观点：后现代的风险观使我们重新认识风险和危机，并通过一套新的规则来控制行为，从而降低风险。同时，他也提道：

> 即使我们严格遵守这些规则，即使我们周围的每个人也都遵守这些规则，依然不能确定是否能够避免灾难性的后果。我们的道德工具——道德行为守则，即我们所遵循的一系列经验法则——并不能简单地用来衡量我们目前的能力。（Bauman, 1993, p18）

无论我们做什么，风险依然存在。我们可以寻求减少社会风险，但是我们永远无法完全消除风险。在某种程度上，风险是由恐惧（以及事实）产生的。弗雷迪（Füredi, 2002）认为，风险已经转变为危险，传统上与"冒险"相关的"积极含义"已被摒弃。因此，在许多情况下，"冒险"意味着社会的不认可（p18）。但是，幼儿需要成人帮助他们学习如何评估风险和进行冒险。要学习冒险，就要提高自己对世界的了解，并能更好更安全地生活和玩耍。

人们对儿童福祉的担忧是多方面的，既包括对因河流、海滩和食物被污染而导致的疾病的恐惧，也包括对绑架或虐待的恐惧。对儿童健康和福祉的其他威胁主要来自不良的饮食习惯（Oliver, 2005），以及由于儿童过度使用科技产品而减少了其户外活动和创造性游戏的时间（Miller & Almon, 2004; Palmer, 2006）。如今，希望支持儿童学习的成人经常把世上的事物纳入安全、确定但却是虚设的界限内。广阔的海岸和绵延的河岸被缩减为在专门设计的塑料容器中加入少量的沙和水，儿童经常要穿着围裙来保持衣物整洁，以免沾到沙和水。然而，学习经验的重要组成部分恰恰是弄得满身沙土和衣衫沾湿的过程！儿童不是在户外玩泥巴，而是在规定的时间和在狭小的室内玩一点黏土。成人在保护儿童的学习机会、让儿童用自己的方式思考和探索中发挥着至关重要的作用。儿童需要玩耍和学习的自由，教育者需要创造机会给儿童提供可以自由学习的安全环境，从而尽可能消除因过分担心儿童安全而导致的阻碍性限制。大约40年前，丁伯根（Tinbergen, 1976）就考虑到对儿童施加的限制以及对其后续发展的影响，他讨论了幼儿在自然环境中通过游戏来学习的方式。早在那时，丁伯根就谈到社会限制了儿童玩耍的自由，他认为正如动物幼崽会找到自己的学习方式一样，人类幼儿如果处在适当的环境中，他们也可以找到自己的学习方式。丁伯根40多年前表达的关切如今更加严重了，儿童的学习自由愈发受限（通常是为了确保他们的安全），在很多情况下他们的户外玩耍机会也因严格的限制而更少了。

约翰·布赖尔利（John Brierley）的研究有助于我们理解儿童的大脑发育，为关心幼儿并对其成长负责的成人提供了启示。布赖尔利认为0～5岁是人类大脑发育的关键期，10岁左右儿童的大脑将达到成人脑重的95%。他在书中写道：

> 在大脑迅速发育的那几年中，儿童通过视觉、听觉和触觉，尤其是通过模仿和探索吸收各种经验。显然，经验的质量对幼儿的健全发展至关重要。除了感觉经验之外，交谈就像空气一样，对人的生存至关重要。（Brierley, 1994, p28）

最近的科学研究表明，婴幼儿天生具有理解能力，并且这种理解能力远超人们以前的认知（Gopnik et al., 1999）。这些研究对长期以来人们认为婴儿"无知"的观点提出挑战，表明婴儿确实从出生起就具有了先天能力（Gopnik et al., 1999, p27），并证实了为婴儿提供新异事物和环境刺激的重要性（Brierley, 1994, p81）。1960

年，布鲁纳（Bruner）提出了"认知发展"理论，认为环境和经验会影响儿童的发展（Smith, 2002）。特雷沃森（Trevarthen, 1977）选取了5个婴儿，专注研究他们从出生到满6个月时的交流行为，结果发现该研究中的5名婴儿全部都在形成一种社交行为发展模式。尽管神经科学基于理念和观察进行了有趣且有确证的实践，但这些研究结果对于幼儿教育者来说却是作用有限的。汉农（Hannon, 2003）认为此类研究很难改变当前的实践，威尔森（Wilson, 2002）也指出脑科学几乎无法为挣扎在贫困线和其他社会困境中的父母提供帮助。

高普尼克等人（Gopnik et al., 1999）指出，尽管已经进行了大量研究，但有时我们依然很难理解幼儿思维中那些令人惊叹的现象。他们从三个方面对此进行了概括：基础，即婴儿能够用独特的方式转化信息并解释自己的经历，以此来预测新事件的发生；学习，即婴儿运用自己的经验来修缮和重塑他们的初始表征，从而获得更复杂和抽象的表征；他人，即那些照顾幼儿的人，他们积极主动，在无意识中促进、鼓励和影响着儿童的表征发展。

布赖尔利在其著作中，基于大脑发育的知识，提出了21条教和学的原则。他明确指出儿童学的越多，其大脑的学习能力就越强。以下两条原则将有助于我们更好地理解幼儿学习的意义：

> 所有形式的游戏对儿童的智力、想象力和情感发展都是必不可少的，游戏很可能是进一步发展的必要步骤。大

脑因变化和刺激而快速发展。单调的环境，功能单一的玩具，许久未变的教室摆设很快就会被大脑所忽略。（Brierley, 1994, p111）

以下三个例子说明，正是多变且富有刺激性的环境，以及与成人交谈的重要经历促进了儿童的提问和思考。这些年幼的思考者利用他们的既有知识，构建了一些精彩又奇特的理由来解释发生的事情，这些解释对当时的他们来说是合乎逻辑的（Paley, 1981）。以下示例说明了儿童作为思考者，是如何努力解释和推理那些周围世界中让他们感到困惑的事物的。

> 一个5岁男孩问他的父母："为什么会有树？"为了给孩子一个满意的答案，他的父母想出了很多理由来说明树的存在，并和他进行了长时间的讨论：在炎热夏天提供阴凉的地方；用于制造木制家具；长成赤道雨林；保护自然资源；为野生动物提供食物和栖息地；最后，作为"罗宾汉藏身的地方"。最后一个回答是因为参观了"舍伍德森林"和"大橡树"之后提出的。有的答复又引发了新的问题或其他解释，这样父母与孩子之间的对话得以持续进行。这个充满兴趣又活力满满的5岁小男孩开动脑筋拓展思路，不断思考、吸

收和理解，在获得更多信息的过程中，延展并进一步激发自己的思维。当他对所做的解释感到满意时，询问就暂时停止了。

一个4岁女孩问她的父亲："为什么海水会流进流出？"她的父亲给出了他能做出的最合理的解释，其中提到了月球和地球的旋转以及海水需要流进世界其他地方的港口中。女孩却认为海水流进她居住的小镇港口是为了让船浮起来以便渔夫钓鱼，海水流出港口是为了防止孩子们整天在海里游泳而弄皱皮肤！她认为海水的这种流进流出完全是在"浪费时间"，海水应该一直待在海港中，这样船就可以时时漂浮，人们可以随心所欲地钓鱼，孩子们也可以随时游泳。这个女孩对于原因和道理的探究促使她根据自己目前的所知，以及她所希望的事物样貌做出解释，并进行了逻辑推理。

一个4岁女孩和她的母亲一起坐在车上时问："妈妈，我们为什么在这里？"母亲认为女儿问的是她们为什么要坐车出来，就说："因为我们正在去商店的路上。""不，"小女孩却答道："我们为什么会在这里……为什么我们还有人们会在这里？在这个世界上？"她的母亲沉默着，正在思考如何应对。这个4岁女孩说道:"我知道啦,我想是上帝把我们放在这里的。这个世界曾经很难过,因为没有人生活在这里,于是上帝创造了我们,把我们放在这里,因为这是一个好地方。"女孩的母亲一时想不出更好的理由,就同意了女孩的观点,并说很可能那就是她们为何在此的原因!也许这个问题对母女二人来说太大了,以至于她们都无法在那个时候找到另一个答案。

皮亚杰关于儿童思维和语言的观点有助于我们理解幼儿的思维。皮亚杰(1953)曾给出一份有趣的清单,列出了儿童提问"为什么"的问题,以此来举例说明儿童的思维和推理。皮亚杰提及的儿童所问的问题都是因果性问题和正当性判断问题。当幼儿提出诸如"为什么海水会流进流出?""为什么会有树?"和"我们为什么在这里?"等类似的问题时,与幼儿相处过的人往往会在这些问题中找到熟悉的感觉。当幼儿为所见所闻的事物寻求符合逻辑的合理解释时,他们就会问出皮亚杰所归类的"关于为什么的逻辑判断"问题,尽管有时上帝似乎是这些不可思议的问题的唯一答案!尽管皮亚杰认为幼儿是"以自我为中心"(egocentric)的,但不应把这个术语理解为自私自利,也不应把儿童的以自我为中心当作一种缺陷(Piaget, 1972)。皮亚杰的虔诚仰慕者和追随者内森·艾萨克斯(Nathan Isaacs)在苏珊·艾萨克斯著作（1930）的附录中，提到了自己有关儿童提出"为什么"问题的论文。他写道：

> 我认为，在研究儿童思维与成人思维关系的一般性问题上，儿童"为什么"的提问值得特别关注。与皮亚杰所持观点相反，在我看来，这些提问似乎证明了我们在一生中思维结构和功能的本质特征……
>
> 在我看来，儿童"为什么"的提问（或者更确切地说是儿童一个重要且共同的类型）表明他们对自己的知识抱有积极的兴趣，并直接关注这些问题是否：(a)正确，(b)足够，以及(c)清楚明确。(p293)

幼儿总是想努力弄懂遇到的事物，并运用他们所知的一切去尝试理解这些事物。回答儿童"为什么"的提问时，用诸如"因为就是这样""因为我这样说的！"，甚至"因为是上帝做的"之类的回答是远远不够的。因为对幼儿来说，这样的回答不能满足其思维发展阶段的要求，而且在儿童尝试理解发现的事物时，也无法正当对待儿童的思维能力。

儿童的问题、困惑、难题、解答和对问题的着迷构成了本章的内容，这些内容揭示出儿童是如何积极主动去创造性地学习的，以及儿童是如何思考这个世界，理解其在世界中的经验的。在本书中，一个反复出现的主题就是将儿童视为有能力的、认真的学习者和思考者。

思考问题与实践

1. 思考你所提供的开放性和探索性游戏：它能够为儿童之间，儿童与成人之间的玩耍及探索提供丰富和不间断的室内和室外活动机会吗？

2. 思考高普尼克等人（Gopnick et al., 1999）提出的思维三要素：认知基础、学习行为和相关他人。对于思考在你所设的环境中儿童是如何学习的，这是否是一个有用的框架？

3. 明确指出孩子们所提的"为什么"问题，思考你的回应方式是否总是适宜的？

拓展阅读

Athey, C. (2007) *Extending Thought in Young Children: A Parent–Teacher Partnership* (2nd edn). London: Sage.

Bruner, J. (1977) *The Process of Education.* Cambridge, MA: Harvard University Press.

Isaacs, N. (1930) 'Children's "why" questions', in S. Isaacs (ed.) *Intellectual Growth in Young Children*. London: Routledge & Kegan Paul.

Isaacs, S. (1930) *Intellectual Growth in Young Children.* London: Routledge & Kegan Paul.

Piaget, J. (1953) *The Origin of Intelligence in the Child.* London: Routledge & Kegan Paul.

Piaget, J. (1962) *Play, Dreams and Imitation in Childhood.* London: Routledge.

Vygotsky, L.S. (1978) *Mind in Society.* Cambridge, MA: Harvard University Press.

第二章

关于图式的一些问题

Some questions about schemas

幼儿教育者如何思考幼儿的学习是一个非常重要的话题，本章即将探讨这个话题。当幼儿教育者首次学习图式理论时，他们通常需要时间去仔细思考这个新信息对他们来说意味着什么。在很多以图式理论和幼儿的学习为主题的课程和研讨会上，我遇到过许多人，他们对于图式理论的反应是不同的，比如焦虑、担忧、兴奋、恐惧、疑惑、怀疑等。这些不同的反应和情感，反映了人们遇到任何新发现的信息时可能会面临的挑战。尽管艾希（Athey）在20世纪80年代早期就发表了关于图式的研究成果，然而，对许多幼儿领域的人来说，这仍是一个崭新的话题。

新出现的理论方法可能会挑战既定的实践模式，甚至会威胁人们多年来一直持有或者珍视的价值观。与5岁以下幼儿打交道的工作者必须对幼儿的学习和发展进行深入的思考，通常，他们会在思考之后提出很多问题。

本章将着重讨论教师和其他幼儿教育者向我咨询的有关图式的一些问题。就这些问题，我会给出我个人的思考。图式理论认为，儿童的思维可以通过遵循他们内在的思维模式，即图式来发展。当专业的教育者开始思考这一理论的含义时，往往会产生以下的典型疑惑。

由于目前基础薄弱，研究还需要不断深入，因此对一些问题的回答只是个人的解释，这些解释可能会凸显出未来我们需要进一步研究的领域。本章尽可能地使用了相关的理论和研究，艾希（2007）的研究为本章提供了极其重要的理论基础。在这一章，我会分享我的想法和对图式理论的理解，因为我相信，对儿童学习和发展感兴趣的人彼此分享想法、共同探讨问题是很重要的，希望通过这种专业的教育学对话，我们能更为清晰地理解儿童的学习和发展。

希望本章能够有助于我们更完整、更系统地理解幼儿的思维，因此，本章旨在提供探讨而不是形成结论。皮亚杰（1971）写道：

> 认知结构包含"感知""记忆""概念"和"操作"等元素，这些元素以不同类型的方式联结在一起。这些联结可能是特殊的、暂时的、因果的，或隐晦的。结构可以是幼儿身体感官方面的，如幼儿非常早期的行为，也可以是静态的或动态的。

儿童的动作、绘画和语言都能为研究其思维结构提供一些线索，本章旨在探索儿童思维结构背后的意义。

什么是图式？

现在，我们对婴儿的学习模式以及他们如何思考和学习有了更多的了解。戈德施米德和杰克逊（Goldschmied and Jackson, 2004）证明了婴儿在获得安全、刺激和支持机会的情况下，如何利用他们的感官来学习所接触到的物体。这样，婴儿们就进入了一个充满探索发现、困惑疑虑、需要社交和交流的世界。任何观察婴儿的人都会发现婴儿的一些早期行为模式（或图式）已经很明显了。比如，当婴儿吮吸和抓握时，他们其实是在演练早期的图式化行为，这些行为促进了他们最初的学习。婴儿早期的行为模式变得越来越复杂、丰富，最终会聚合在一起，这样婴幼儿的行为就不再是单一孤立的，而是系统协调的。蹒跚学步的孩子们走来走去，忙前忙后，每次只拿一件物品，不断把收集到的物品堆在看护者的腿上。在这一过程中，他们其实已经形成了一种行为模式，这种模式有一条贯穿始终的主线。他们此时的行动和行为模式与一种前后往复运动的运动图式有关。婴儿早期的图式形成了2~5岁儿童所表现出的行为模式的基础，而这些行为模式又构成了进一步学习的基础。

艾希（2007）认为，儿童会根据他们当下的兴趣注意到周围的环境因素，他们有内在动机，但这些内在动机必须由成人提供的材料和支持激发出来。她着重研究了 2 至 5 岁的儿童如何进行特定行为模式，并将每一种模式都作为一种图式。皮亚杰关注的重点是："动作的图式、动作和知觉协调系统，构成了任何能够被重复并能应用于新情况的基本行为，例如抓握、移动、摇晃物体。"（Piaget, 1962, p274）。

艾希将图式定义为："在各种内容、环境和特定经验的表面特征下存在的儿童行为和思维模式"，以及"可重复的行为模式，通过这种行为模式可以辨别儿童早期的行为类型，并对此进行逻辑分类"（Athey, 2007, p49）。艾希（1990）识别了许多行为模式的特征，并对其进行命名。例如，"垂直图式"之所以得名，是因为它与上下运动有关。艾希采用以下这些术语来讨论儿童的学习和发展模式：

- 动态垂直
- 动态来回/左右
- 动态旋转
- 上下
- 围绕
- 覆盖和容纳
- 穿过

上述这些与运动描述相关的动作和标记，都能在幼儿的绘画和标记活动中识别出来，但艾希指出这些模式也存在于儿童的游戏、思维和语言之中，并且渗透在他们的行为、语言以及标记活动过程中。艾希详细描述和讨论了不同学习模式是如何通过行动、语言和标记来表达的，并进一步从理论和实践的角度说明了思维模式（forms of thought）——图式——一旦确定，就能通过有价值的实践内容（content）不断丰富。

如果一个儿童正在关注与转圈相关的特定图式，我们可以说他正在探究旋转图式。旋转图式的模式（forms）是"圆"，其内容（content）可以是这种形式的任何扩展物，例如车轮、伦敦眼、旋转的机械、滚动的球、旋转的行星！

同样，一个对上下运动感兴趣的孩子可能正在探究一种垂直图式，其模式是"上下"，相关内容可以包括使用梯子和攀爬架、观看高空跳伞、乘坐厢式电梯或自动扶梯。同样的，如果一个儿童对覆盖和容纳图式感兴趣，那么其模式是"内部"，相关的内容可能包括包装礼物、孵小鸡、烹饪、挖掘和钻洞。

为什么有些儿童对某个特定的活动着迷并不断重复？

> 利亚姆被观察到多次把杯子、碟子、盘子和其他家庭角的陶器放在水槽里。一旦他把所有能找到的东西都放进水槽后，马上就扔下不管，走开去别处了。

利亚姆可能对"容纳空间"和他自己能把物品放进另一物品中的能力感兴趣。他也许正在寻找各种"放入"和"容纳"的体验。幼儿园教师应该进一步观察利亚姆,如果他的行为模式具有一致性和连续性,就要进一步为他提供拓展"容纳"模式的其他方法。拓展活动应包含具有挑战性的课程内容,以便使儿童的思维能得到拓展。如果教师观察到孩子明显在重复一些看起来毫无目的的行为,那么就应该做进一步的细致观察,以便从观察中准确地判断儿童活动的价值。这样,教师提供的新经验和干预措施就是建立在细致观察基础上的,并且这种观察要求教育者把每个儿童都看作是独特的学习者。

一旦儿童建立了图式,会有哪些变化?

当图式或可重复的行为模式、言语模式、表征模式和思维模式纳入儿童的思维以后,图式就可以拓展儿童的学习。早期的图式似乎可以为儿童以后的学习奠定基础。艾希(2007)描述了在幼儿"蹒跚学步和倾倒"过程中可以观察到的早期"来回"图式。稍后,"来回"的动作图式可以通过"去和回"的故事,或通过阅读和制作地图的经验得到支持和拓展。艾希给出了萨拉写作的例子(这些作品写于 4 到 7 岁之间)——这些例子显示了萨拉对"终点"轨迹的兴趣(Athey, 2007, p172)。随着图式的建立,孩子们很可能会把图式兴趣融入他们的作文中,所以很可能会出现"去商店然后回家"或"带着狗散步最后回家"的故事。有关图式发展的理论研究有了一定进展（Featherstone, 2008; Meade and Cubey, 2008），然而还可以进一步完善，许多研究文献表明，早期图式可以连接在一起，为后来的相关经验提供基础，这些经验可以被同化到更复杂的概念中。

> 16个月大的德克兰在一堆玩具和父亲之间来回走动。每一次，他都从那堆玩具中拿出一个送到他父亲的腿上。最后，原来那堆玩具一个也没有了，全都堆在了父亲的腿上。

在以上这个过程中，德克兰经历了好几种体验。他在两点之间移动：A. 玩具；B. 他的父亲。当孩子们身体来回移动，并且思考两点之间（例如"我的房子"和"我朋友的房子"，"我的房子"和"我的游戏组"）的移动时，这种早期的来来回回的动作可以为"这里"和"那里"、"开端"和"末尾"、"开始"和"结束"这类概念奠定基础。德克兰也许用这种见面和离开的方式，在他和父亲之间建立一种社交上和情感上的联系。德克兰在给予，他父亲在接受。德克兰离开了又回来了，而他的父亲总是在他离开的地方等着他！许多成人在和具有一定行为图式的儿童打交道时，发现儿童的专业知识学习与他们的社交和情

感发展之间存在着联系。（Arnold, 2010）

我们可以看到，儿童不仅能够建立认知联系，而且还能够建立自己与他人之间的关系。

> 一名18个月大的女婴和她的父母正在机场候机室候机。她身边放着自己的一袋玩具，还有两个装着免税商品的旅行袋，里面是香水、巧克力和威士忌。小女孩开始在妈妈和爸爸之间穿梭，先是给她妈妈一个玩具，然后又把它从妈妈那里拿回来，走到爸爸面前把玩具给爸爸。父母参与了她的游戏，每次得到小女孩的玩具时，他们都会微笑着说"谢谢"，每次小女孩离开时，他们都会挥手道别。随后，坐在这家人附近的另外一名陌生旅客也加入了这个游戏。这位旅客得到了玩具，并跟小女孩的父母一样遵守了游戏的"规则"。小女孩开始给这位陌生人送一些玩具，把它们放在陌生人旁边的座位上。当她把自己袋子里的玩具倒空后，她开始拿父母旅行袋里的免税物品给这位陌生人，而且每次给这位陌生人东西时，她都对陌生人微笑，同时也回头看看父母。最后，这场游戏止于她父母的干预，为了不让她把他们的香水和威士忌白送给一个完全陌生的人。

就像德克兰一样，这个小女孩来回走动，其实是在测试自己行动的能力，并且在她自己和完全陌生的人之间建立了一种新的关系，新的联结。在这一过程中，她需要从父母的眼光中获得安全感，因此她会时不时地向父母寻求保证和认可。

思考学步幼儿"来来去去"行为模式的发展是很有趣的一件事情。

> 7岁的克雷格能够通过绘制学校周围的地图来表现他对空间和地点以及来去的认知（图2.1）。这个地图显示了学校的位置和周围的街道。他给一些道路贴上了标签，用箭头指示交叉环路的通行方向，还写了建筑物的名字。克雷格解释道："我知道你会去哪里，因为这是我和哥哥会骑自行车去的地方。如果你要到我家，你得沿着这条路走，然后转弯，穿过那里。"这个7岁的孩子画的地图代表了他从经验中获得的知识，以及他的想法和理解之间的联系。用图式术语来讲，这种知识和理解建立在幼儿从A点到B点的来回，以及蹒跚学步的早期经验上。这也再次表明幼儿的早期行为对他们今后学习的重要性。

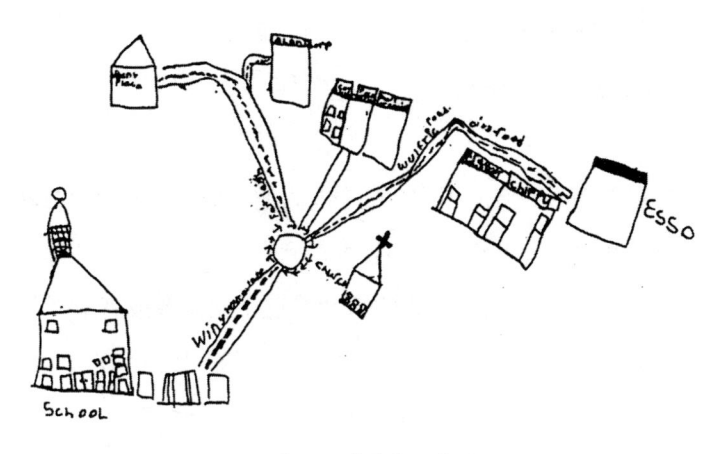

图 2.1　克雷格的地图

识别了幼儿的图式后要做些什么？

这是一个根本性的问题。早期教育仅仅确定儿童的兴趣是不够的：早期教育需要挑战儿童的思维，并且拓展他们的学习。当一个孩子关注到某个特定的模式时，就需要给他提供一系列有趣和刺激的经验，这些经验可以帮助孩子沿着这个特定的路径拓展思维。比如，希瑟的老师注意到她似乎对圆形图案和运动很感兴趣，于是就设计了几个可能丰富她图式的拓展活动：

◆ 让一小群孩子（包括希瑟）拜访一家轮胎装配商，观看汽车轮胎是如何更换的。
◆ 向孩子们介绍了陀螺仪——让成人演示如何使用陀螺仪，并让孩子们用陀螺仪做实验。

- 希瑟的母亲带她去参观游乐场，希瑟很喜欢在那里坐螺旋滑梯和旋转木马。

如果要拓展儿童的图式，就需要为他们提供进一步学习以及谈话的机会，让儿童丰富的思维得到更多的滋养。一些简单的、可以拓展儿童圆形图式的活动有玩手指游戏或者唱儿歌（Mort & Morris, 1991），以及收集圆形或环形物体。其实，现实生活中有很多事情都可以作为更具挑战性的拓展活动，比如上述希瑟的例子，现实生活会拓宽孩子们对世界的体验，从而加深他们对世界的认识和理解。

儿童的绘画能给他们的图式提供线索吗？

儿童经常喜欢画一些他们感兴趣的东西，或者从他们的画中可以了解他们持续关注的图式特征。4 岁 3 个月的大卫画了一幅他最喜欢在外面玩的隧道的图画。这幅图画清楚地显示了隧道的螺旋特性（图 2.2）。大卫的画可能表明，他对隧道游戏感兴趣是因为他对"通过"或"围绕"的图式感兴趣。

如果我们仔细考虑罗茜－安妮（3 岁 10 个月）的绘图元素（图 2.3），就不难发现她对计算机各部件之间的联系很感兴趣。

图 2.2 大卫画的隧道游戏

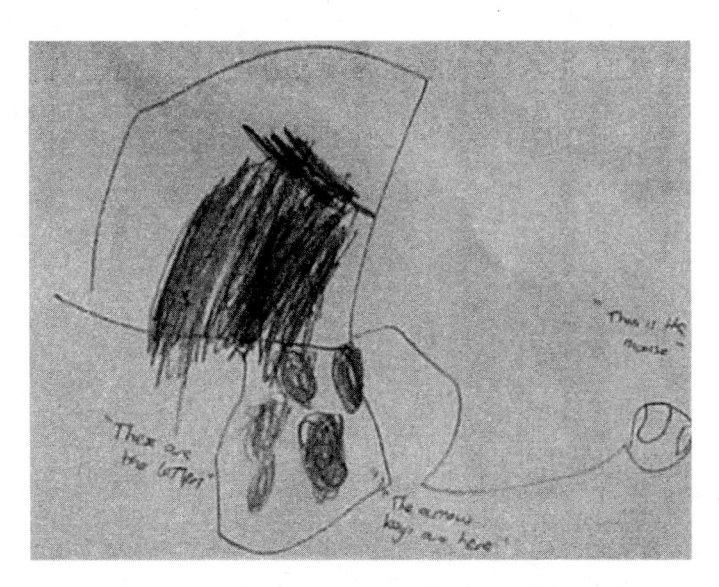

图 2.3 罗茜-安妮的计算机

第二章 关于图式的一些问题 29

关注个体儿童对教育者来说是个难点
——如何在儿童群体中支持他们不同图式的发展？

如何满足儿童群体中的个体需要，一直是每个在集体教养环境中负责幼儿学习的人所关心的问题。每一名儿童都有其独特的学习风格，他们的学习模式是学习风格的一部分。对教育工作者来说，了解图式并不能从根本上解决问题，即如何给儿童提供支持他们个体学习需求和兴趣的经验。但是，更多地了解儿童图式，的确有助于幼儿教育工作者更有效地满足儿童的个体需要而非产生更多问题。教师和其他专业工作者一直在尝试满足处于不同阶段、有着不同兴趣的儿童的需要。图式可以帮助他们在这一点上做得更恰当。

能够对儿童构成挑战并拓展其经验的主题和话题，能够丰富不同图式的多种方式方法，都需要经过精心的设计。此外，一次性活动、小型展览和专门提供的机会，都可以融入课程设计中，以此来拓展小部分儿童群体或个别儿童的某种特定图式。与儿童图式兴趣相匹配的工作、DIY 展览能够吸引他们，儿童自己也会发现这些活动对他们来说十分有意义。这样的展览可以专注于某一个主题，比如包装、车轮、网格、穿过和遮盖物等。当展览的东西是儿童可以探索、画画和讨论的物品时，这种展览是最有价值的。例如，孩子们特别喜欢探索手工操作的意大利面机或手摇搅拌器的功能。

当教师引导所有儿童关注同一个主题时，并不意味着孩子们都会这样做，或者从中学到同样的东西，也并不能保证儿童一定会从这一主题活动中学习到任何东西。这些儿童因为组织、经济以及教育方面的原因被安排在一个班级里，所有教师都有责任对这个班级的每个孩子履行教育职责。教师的教与儿童的学之间的匹配是一个关键性问题，这涉及观察、规划、教学、评估、记录和反思等。这些内容将在第四部分进一步讨论。

对儿童图式发展感兴趣的专业教育者认识到，无论成人喜欢与否，儿童都会探索他们自己的图式。关于图式的知识既不是一个额外的负担，也不是一个需要担心的问题，相反，对于那些在早期教育机构中独自工作的教师来说，关于图式的知识可能是一个有用的工具。这些知识可以帮助教师观察儿童、制定计划、与儿童互动、干预儿童的活动和评估儿童的学习。幼儿教育工作者在各种环境下共同努力，可以共同为幼儿设立具有挑战性的、使其思想和行动高度协调一致的、高质量的环境和课程。

儿童游戏时是否会选择有着相同图式的玩伴？

由于思维和行动上的相似性以及早期友谊的动态发展，一些儿童可能在持续参与度和配合度方面表现良好（Dunn, 2004）。例如，"房子"和"洞穴"游戏可能会吸引那些对"内""外"概念感兴趣的儿童。然而，当许多儿童在一起合作游戏时，他们也会和那些与自己的图式兴趣不同但并不冲突的同伴一起游戏。

幼儿园里有三个孩子正在用大型空心积木搭城堡，其中两个女孩，一个男孩，他们的年龄在3岁9个月到4岁6个月之间。两个女孩在搭地基，用积木搭了一个正方形，其中有一块凸了出来。她俩一起合作搭建，一个负责搭建内部，另一个负责搭建外部。与此同时，这个男孩在女孩们搭好的地基上建城墙。两个女孩将关注点放在搭建门窗上，男孩则专注于城墙的高度。孩子们对两个重要的概念感兴趣，显然，女孩们的兴趣点在于"包围""包住""进入""向外看"，而男孩则更倾向于城墙的搭建，关注高度。这三个孩子在游戏中负责同一项目下的不同任务，他们讨论了"多大""多高""能容纳多少人""门开在哪儿""门怎么开关""是否需要信箱"等问题。（他们决定不搭建信箱，因为住在古老城堡中的人们不会收到那么多信。如果有他们的信，会有人骑马送信，并且敲门后直接骑马进来！）这三个孩子在一起有目的地合作、商讨。他们不依赖教师，自己独立搭建。教师只是明智地在一旁观察，让这种有价值的互动合作交流活动不受干扰地持续下去。

图式是否影响儿童对游戏伙伴的选择，这一问题还需要更多的研究来验证。那些在工作中与幼儿接触的人可以开展自己的研究，他们在自己对幼儿的观察中发现了许多不同图式的儿童一起合作游戏的例子，并对这些观察数据仔细进行分析。阿诺德（Arnold, 1990）和家长、同事一起研究了她关于"一起游戏的儿童具有相似图式"的观点。他们对 9 名儿童进行观察，研究发现，该项目里的所有儿童似乎都表现出重复且普遍的行为模式。由此，该研究得出如下结论：总体而言，儿童倾向于与对相似事情感兴趣的伙伴一起游戏。（Arnold, 1990, p31）

阿诺德的研究表明了进行这类研究的难度（即使是小规模的研究），以及教育者迎难而上做自己研究的重要价值。一些儿童需要的不仅是协调一致的图式来帮助他们与其他孩子一起合作、共同协商计划与任务，他们还需要教师参与其中以鼓励合作，激发儿童的个人潜力，为他们创造一种合作探索、相互学习、相互支持的积极氛围。这一点也正是福禄贝尔（Forebel）的积木游戏研究项目所强调的，这项研究总结道："丰富的积木游戏不会自然发生，它只会因为成人在游戏中的积极干预，并作为强力催化剂时才会发生。"（Gura, 1992, p26）

了解图式能帮助我改变 3 岁幼儿总扔东西的行为吗？

显然，当儿童行为会造成干扰，或具有危险性和破坏性时，成人必须进行干预。这里包括了一些明显的问题：是什么导致了这种行为？在这种行为出现之前发生了什么？这种行为会引起什么反应？它会造成什么后果？这些问题的答案可以使我们了解儿童总是表现出特定行为的原因，以及是否还存在一些我们并未辨别出来的困难。教育者必须在儿童表现出这些让人难以接受的行为之前进行观察、加以干预，并帮助儿童发展调节沮丧和愤怒情绪的技能和策略。

识别儿童的图式兴趣并提供与之相应的适宜活动也许是一种解决办法。但是，把对儿童图式的有关知识融入实践并不是万能药！许多教育者运用他们的图式知识将儿童的注意力从破坏性的活动更好地转移到有意义的活动上。还有一些教育者认为，发现图式兴趣有助于我们更好地了解儿童的情绪状态。（Arnold, 2010）

在不适宜的环境中扔东西的儿童可能是把扔东西作为回应挑战的方式。他们可能想通过扔东西来引起注意，或者尝试加入团体活动，又或者是其他原因。他们可能在情绪或行为上面临着一些需要辨明的困难。发现问题的原因是一个方面，而如何解决问题又是另外一个方面。通常情况下，我们对儿童扔东西这一行为的第一反应是去阻止他。另一种可行做法是，将扔东西这种行为与对儿童来说可能比较重要的东西联系起来，同时积极引导他们的技巧和精力。希米恩就是这种情况，他3岁3个月时入园，他的"坏脾气"和他拿到什么扔什么的行为令他年轻的妈妈倍感焦虑。

幼儿园教师仔细观察了希米恩的情况，并试图让他在因愤怒扔东西之前，体验到投掷活动的乐趣。对幼儿园教师来说，要设计一个有关投掷动作的有价值的课程活动，是很有挑战性的，他们要非常有创意及创造性。显然，扔接球、扔接铁环和扔接沙包这样的活动在希米恩的日常生活中占有一席之地。其中，"接"是希米恩仍需要学习的动作，而"扔"是他已经非常擅长的一种技能了！幼儿园教师希望希米恩在幼儿园参与的活动能够给他提供有价值的学习机会。他和其他孩子一起制作靶子，然后把湿海绵扔向靶子，根据海绵留下来的痕迹来计算分数。有时候靶子上标的是数字，有时候标的是颜色或图标。儿童的精力和兴趣被引导到了类似的这些活动中，这使儿童有了一系列的学习机会和经验，包括轮流进行、在大图表上登记分数、瞄准、协调身体动作、交谈、运动、小组和团队合作、与同龄人和成年人交流互动，以及制定新的游戏规则。其他的投掷活动还有把小球绑在橡皮筋上投出去，然后再让小球返回到投掷者手中，玩悠悠球和纸飞机等。

早期教育工作者如果对图式有一定了解，就能很好地处理儿童行为所带来的挑战。如果儿童的行为在意义或方式（或者两者兼具）上被认定为有困难，则需要成人进行细致的观察之后方可采取行动进行干预。显然，不能总是让儿童在学校、幼儿园或家里完全按照自己的选择行事，他们需要明确的界限。当儿童的某些行为习惯有损于自己或他人的利益时，成人需要跟他们解释这些习惯是不被接受的。有时候，一个儿童的行为，成人乍看以为他在制造混乱，但是仔细观察后才可能真正了解他的意图。他可能根据某个特定的图式兴趣，在重新调整自己的行为。

即使儿童正在探索自己的图式行为，也不应该允许他们误用工具或妨碍其他孩子的活动，甚至危及自己或他人。如果当下环境中可供儿童探索的东西缺乏刺激和动力，或他们因为其他原因感到沮丧和不安时，以上这种问题就会出现。幼儿教育应该提供一些具有挑战性和刺激性的活动和经验，使儿童能够参与其中，并促进多种行为图式的发展。有价值的课程内容一定是广泛而平衡的，并与儿童的发展和认知需求相关。课程的设置必须与儿童相关，并且符合个体发展的需要和兴趣。这样的机会才能真正激励儿童在学习过程中积极学习和吸收经验知识。

图式知识对有特殊教育需要的儿童有什么作用？

"特殊教育需要"一词泛指各种学习困难，不过这种定义似乎不太现实，也不恰当。如果儿童被认为有特殊教育的需要，他们的教育者就必须考虑到每个儿童个体的特殊需要，而且无论儿童是否有学习困难，他们都是平等的，没有本质区别。对于教育者来说，与具备图式意识的儿童打交道，是全纳教育实践的一种形式。教师和其他教育工作者必须在哲学和教学知识方面做好充分的准备，以辨别和满足所有儿童的学习需要。因此，当教育者了解了图式和儿童的发展模式之后，就意味着他们在观察儿童时，能更加充分地理解和解释他们所看到的情况，并据此来继续下一步的教学工作。

我们需要继续更多地了解儿童在活动中的一系列需求以及他们所展示出来的能力。此外，教师还需要鉴别某些儿童所表现出来的某些特殊行为模式，这些模式恰好是本书所探讨的内容。这里需要强调的是，图式知识可以支持老师进行全纳型的实践和教育，因为图式知识可以更好地使教育者以与儿童个体思维和行为结构相适应的方式进行教学。但是，图式知识不能代替其他学习理论，更不能代替专业知识和技能，因为教师需要利用他们的专有知识和技能，去帮助和支持那些有特殊需求或困难的儿童。与围绕课程和教育学的其他决策一样，教育实践者需要利用他们的专业知识以便最大限度地满足儿童的具体需要。探索性的图式游戏可以是全纳型的游戏，在这种全纳型的探索性游戏中，没有对或错之分，也没有预期的可见结果。所以，在没有具体"最终产品"的情况下，图式游戏也可以是类似的探索性游戏。教育实践者在与家长讨论时，可以对儿童周围的环境和规则做出调整和改变，以便为所有儿童——包括那些有特殊需要的儿童——提供机会。通常情况下，高质量且有效的全纳型实践教学有助于所有儿童的提升以及经验的增长，而不仅仅是那些需要额外努力才能将其纳入其中的特殊儿童（Nutbrown and Clough, 2006）。

儿童做的每件事似乎都可以称为图式，图式到底有什么用？

当专业的教育者在定义儿童图式时，他们其实是在使用和发展一种专业语言，以此指代儿童一贯持续的行为模式。所谓"图式"，是给儿童持续性行为模式的命名方式，也是非常有用的儿童观察工具。图式为我们提供了观察儿童的另一种方式，即提醒我们把重点放在观察细节上，这些细节看似没什么联系，也看不出多少学习的迹象以及可能的后续行为。用不同的图式术语来确定儿童的活动只是整个过程的第一步，下一个重要的步骤是利用对儿童的细致观察来决定如何最大限度地拓展他们的学习。总之，对儿童的细致观察是非常重要的。现在我们来比较对同一事件的两个不同观察结果。

观察1：

卡罗尔正在娃娃之家玩。她把熨衣板支起来，熨了几件衣服，然后把杯子和碟子洗干净，并且都放好了。接着，她写了一份购物清单，打扮了一下，然后就拿起一个包，去了设在幼儿园花园中的"商店"。

观察2：

卡罗尔正在娃娃之家玩。她把熨衣板拉到门口，熨了几件衣服，并把"熨过的"衣服放在柳条篮里。她把杯子和碟子集中起来，将它们放到水槽里。她"清洗了"它们，然后把它们放进了碗柜里。她在一张纸上做了一些圆形的记号，并把纸折叠起来放进一个信封里。她把信封放进口袋。她把钱包放进购物袋里，然后扎紧了购物袋的口。卡罗尔披了一条披肩，走到幼儿园的花园里，那搭了一个帐篷当作商店。她走了进去。

观察1指出了卡罗尔在玩过家家游戏，而观察2中的细节则更多地提供了卡罗尔的思维形式信息。通过观察2，我们可以更深入地洞察卡罗尔在游戏中的图式性质：在这个过程中，卡罗尔的思维和行动具有连续性和一致性，显示出她似乎正在探索"内部"这个概念。

在艾希的影响下（1981, 1990, 2007），一些地方［例如克利夫兰（Nicholls, 1986）和谢菲尔德（Sheffield LEA, 1988, 1989; Nutbrown & Hirst, 1993; Nutbrown & Swift, 1993）］的教育局鼓励教师进一步在教学实践中理解图式，并制作了对儿童的某些图式行为进行观察的小册子。最近几年来，随着人们对图式的研究兴趣及其在官方早期课程中的地位日益提升（DCSF, 2008），其他出版物也已经出现了（Featherstone, 2008; Meade & Cubey, 2008）。克利夫兰和谢菲尔德的早期工作，以及福禄贝尔的早期教育项目（Athey, 2007）表明，如果能关注图式，父母和专业教育者就能够观察到儿童行为的细微之处。他们同样能够注意到儿童谈话中反映他们思维活动的关键因素，从而为儿童的学习提供基础。按照艾希（1981）的说法：

> 研究者对2～5岁幼儿系统性行为的研究极为缺乏。在这个阶段，儿童的行为通常被认为是独特的。但是行为图式一经确认，就可以将一系列明显不同的儿童的活动联系起来。

应该如何与家长分享图式这一有趣概念？如何运用已有的图式知识加强家园联系？

一些教师希望在与家长交流之前，更多地了解关于儿童发展与学习的理论。还有一些教师认为与家长分享新的理论非常重要，即使这些理论对他们来说也是还未完全掌握的崭新知识。专业教育者对这一问题的回答取决于他们与家长之间的关系、他们的知识储备，以及他们对与家长分享专业知识的自信程度。对家长来说，有两件事情非常重要：一是有机会找到有效的方式来理解孩子的学习与发展；二是找到有效的方式与他人分享自己的理解。第十章将会更加全面地讨论教师与家长的合作方式。大多数家长对孩子的学习尤其感兴趣，并且很珍惜从他们孩子的教师那里学习的机会。有时候，教师们会通过举办小型展览、发放小册子、开展研讨会等途径与家长分享有关图式的知识。与家长合作最好的教师，通常是那些充分理解行为图式，以及对儿童通过图式学习带来的可能性感到兴奋的人。哈桑尼（Hassani, 2003）在幼儿园的研究中，与家长分享图式知识，并将这些知识整理成书面信息，供家长回家阅读，她还为家长提供自由讨论的场所。威利（Whalley, 2001）和阿诺德（2003, 2010）也记录了一些有效的方法：家长与教师通过仔细观察儿童、用相机录像、开展交流研讨等方式一起学习关于图式的知识。

当家长、教师和其他早期教育工作者一起分享对与他们共同生活、工作的儿童的观察时，他们对儿童学习及发展连续性的认识也会随之提高。在一定程度上，掌握有关儿童发展的知识和相关支撑理论可以帮助我们理解一些以往无法理解的儿童行为。一些早期教育工作者已经和家长彼此分享了对图式的兴趣，并与家长谈论了如何运用有关图式理论支持孩子的发展，他们往往会发现，家长对观察和理解儿童的行为、谈话以及做标记的方式十分感兴趣。第十章将会讨论与家长分享图式概念的不同方式。下面这个例子表明，教师与家长分享他们的专业知识后，家长能够运用所学知识进一步帮助自己的孩子并理解孩子的发展。

> 3岁的露露对圆形及圆形运动非常着迷。她在幼儿园里转来转去，寻找圆形，辨认圆形的物体——碗、车轮、球形把手、旋转的水龙头把手。老师把露露的兴趣、老师如何鼓励露露辨认圆形，以及这一活动将会如何有助于她的数学发展告诉了露露妈妈。第二天早晨，露露和她的妈妈带着一个书包来到了幼儿园，书包里装满了露露前一天晚上在妈妈和弟弟的帮助下在家里收集的所有圆形物体。

如果家长和专业教育者能够互相借鉴各自在家里和幼儿园对儿童游戏的观察，探索拓展儿童思维的方式，家园之间的联系就会得到加强。露露和她的妈妈以及小组中的其他儿童，在一名保育员的带领下参观了一个正在运转的水车。这不仅加深了他们对圆形这一概念的理解，而且也引入了有关动态运动和因果关系的概念。

图式能持续多久？

由于缺乏可以借鉴的纵向研究结果，我们无法回答这一问题。但是没有答案并不是问题，因为重要的是教师在观察的基础上进行教学——观察儿童会为他们当下的图式提供线索，因此可以帮助教师为儿童进行课程安排。如果教师把观察融入日常教学工作中，他们将会发现儿童持久的图式关注点是什么。只要儿童对某个图式感兴趣，他就会一直探索这一图式。同时，儿童也需要成人提供一些可以增长知识、丰富经验、富有挑战性的内容来发展思维模式。从年龄较小的幼儿行为中，我们可能观察到占主导地位的特定图式。而从年龄较大的儿童的行为中，我们会发现，在解决更复杂的问题、面对更复杂的经历时，他们所使用的图式已经相互联结起来。正是这些联结起来的图式使儿童能够解决并理解其他形式的课程内容。

如果儿童的思维似乎停滞在某一图式上，该怎么办？

当发现儿童漫无目的地重复某项活动，或是将某个重复性动作作为他们学习过程中的重要部分时，专业教育者都会变得非常敏感。当儿童出现"停滞"现象时，往往是"停滞"在了图式"内容"上。因此，我们既需要寻找方法拓展儿童的思维内容，也需要使之与儿童的思维相契合。也就是说，当引导儿童摆脱重复性内容时，他们的思维形式也可以随之得到滋养。

> 阿西夫似乎对垂直图式很感兴趣。他一次次（并且大声地）用积木搭建起高塔，又一次次地将其推倒，想象着他的超级英雄爬上去又跳下来。

很明显，这项活动中积极的学习因素已经消耗殆尽。这时候，就需要教师进行干预。如果发现儿童停滞在某一图式——重复体验同样的经历，做同样的动作——教师就需要认真思考，仔细计划，为儿童提供更多的学习机会。有计划地干预应与儿童的图式相匹配，也应为儿童提供进一步学习与发展的机会。下面我们看一看教师是如何为阿西夫设置课程的。

> 幼儿园的保育员安排阿西夫和一小组幼儿及他们的家长参观一家当地的商场，他们乘坐了直上直下的透明电梯，也乘坐了扶梯上下楼。回园后，孩子们把攀登架当作电梯进行游戏，这一游戏经验反映了他们在商场的经历。阿西夫也画出了相关画面，他说："这是你站的楼梯，这是将你关起来、带你上去的盒子。"超级英雄并没有被长久地排除在这个新增的维度之外。很快，孩子们的游戏里出现人们被困在电梯中需要救

> 援的环节，超人在游戏中再次出现。在这个主题之后的扩展中，游戏里出现了在树上安装滑轮来升吊物体的环节。在这一环节中，幼儿通过体力运动和大量的思考，接触到关于力与重量，强度与牢固程度等问题，由此促进了儿童有关早期科学探索的概念的发展。

我们可以打断儿童的图式吗？

当专职教育者提出这个问题时，就表明他们在担心干预会扰乱儿童思维活动过程中的平衡。有时候，儿童毫无目的或无休止地重复一些活动，看起来似乎没有任何效果。如果教师曾经试图把儿童的注意力转移到与他们当前兴趣不相符的活动上，那么，老师应该会发现，孩子们还是会继续从事原来的活动，他们的行为和思考不会轻易被打断，除非活动符合他们的兴趣。有些父母曾试图阻止婴儿从婴儿车或高脚椅上乱扔玩具，但他们会发现几乎不可能阻止孩子的这种行为。事实上，成人需要做的不是转移孩子的注意力，而是要参与到"不断重复我扔，你捡"的游戏中。

那些观察过儿童游戏、在游戏中与儿童互动，并且对活动进行干预的教育工作者发现，他们的干预有时是适宜的，有时则不然。教师需要运用专业的知识和技能尽最大努力做好教学，在这方面，图式理论可以为教师提供一种与儿童的认知发展相协调的教学方式。

儿童图式有既定的发展顺序吗？

要自信地回答这个问题，还需要对儿童个体进行更多、更详细的研究。我们可以把图式的发展理解为一种连续统一体，也许这种理解对我们是有帮助的。在这种统一体中，图式变得越来越协调。研究儿童早期标记行为的发展有助于我们推测图式的发展是否具有一定的顺序。罗达·凯洛格（Rhoda Kellog）确定了儿童标记行为发展的顺序，点、圈和线出现在围合、联结类的标记之前，在她的研究中，我们可以看到在儿童标记行为发展方面存在一种清晰的模式（Plaskow, 1967）。

考虑到儿童可以通过做标记、说话以及行动来表达他们的某种思维图式，那么，我们可以判断垂直图式和来回图式可能会出现在围绕图式之前。然而，事情可能没这么简单，因为儿童在不同的发展阶段会运用同一图式，并在今后的成长过程中把多种图式整合协调在一起。

这也许能帮助我们理解"图式重返"的概念。这个概念是指儿童通过对特定图式的吸收来建构知识，继续探索其他图式，然后，随着他们的行动、语言和思维更加成熟，他们会回过头来进一步探索之前的图式。这可能与埃德尔曼所说的"重返理论"一致（Edelman, 2006; Edelman and Tononi, 2000）。在家庭和托幼机构的层面上对儿童进行详细的纵向研究，将进一步为图式的累积性研究提供见解，但目前这种研究还很匮乏。

在福禄贝尔积木游戏研究报告中，古拉（Gura, 1992）写道：

> 儿童经常重复他们已经掌握的搭积木的方法，并且在此基础上尝试做出更新颖、更复杂的搭法，比如把围合形式堆叠成垂直的形式。有时候，儿童看似不会再进行某一特定的图式活动了，但是在后来的探索活动中，该图式又被融入其中。

儿童都会在活动中运用所有的图式吗？

再次强调，我们需要更多关注儿童个体学习和发展的研究。重要的是在任何时间点，通过对儿童的观察，我们都要及时地为他们计划与其思维形式相合的经验。当然，在形象表征方面，如通过书写和绘画等方式，儿童最终也可以掌握多种图式类型。因此，我们可以合理地假定行动和语言也可以帮助幼儿掌握图式。

有时，我们会观察到年龄较小的幼儿仅对某个特定的图式非常关注，而年龄较大的儿童则往往会运用到多种相互协调的图式。协调和联结往往标志着儿童在各个阶段学习的重大进步，并且这种协同和联结会发展成为更高阶的概念。皮亚杰（1969, p364）指出：活动主体将内容与经验同化为图式，从而无休止地构建出新的图式。艾希（2007，p54）将其称为"图式网络"。

儿童在特定时间的所有或大多数活动，是否只与某一特定图式相适应？

我曾经对一所公立幼儿园40名3～5岁的幼儿做过一个学年的观察。因此，我将用对这些幼儿的观察结果来回答这个问题。一些幼儿的行为可能涉及不同的行为图式，还有一些幼儿往往会在一段时间内有一种"占主导地位"的行为图式，并且会选择适合他们当前图式的活动和经验。然而，图式的协调和联结是人类发展的一部分。第二部分将会进一步提供与这个问题有关的细节和例子。

儿童图式之外的活动是否毫无意义？

不是的！如果课程来源于儿童的现实生活经验，能够让儿童参与交谈、倾听、实验、解决问题、思考等一系列活动，那么这种以有价值的内容为基础的课程就是有意义的。这里的关键点在于，教师所教的要和儿童所学的内容相匹配。如果课程材料与教师通过观察所确认的儿童图式相一致，那么就可能增强匹配度。

每一件事都可以归因于图式——那么其他的方法、理论和哲学的意义何在？

当然，思考和解读儿童活动和学习的方式多种多样。不同情况下，不同理论在不同时间点发挥着不同的作用。例如，4岁的凯瑞在沙堆上边玩边说："把娃娃埋起来，把她全部盖住。"对凯瑞的图式感兴趣的老师可能会认为凯瑞的这一行为与封闭图式有关。而在另一种语境下，心理学家或者游戏治疗师可能会把这种行为归因于她对刚出生的小妹妹的厌恶之情。这两种解释都有待进一步查证，同时，这两种解释可能都对研究都有一定的帮助。艾希（2007）举了一个类似的例子：3岁5个月的洛伊丝画了一幅弟弟乔克躺在婴儿床上的画，把一块毯子（一张方形贴纸）盖在画上，说："我用毯子把他盖住了。"接着她又说："我要把婴儿床放进橱柜里（停顿），然后把橱柜放进洞穴里。"艾希指出，如果用弗洛伊德的理论来解释的话，这个例子是一种"同胞敌对"的表现。但是，这一解释并不适用于其他幼儿同一时期的相似行为，比如卷薄饼、将屋子涂黑、埋虫子等。艾希在书中写道：

> 图式的解释有两个优点，一是它能涵盖更多的行为，二是用积极的方式去解释儿童的行为。洛伊丝一家对于她们迟到原因的解释就是一个明确而积极的图式解释例子。尽管洛伊丝妈妈和两个孩子一路上搭乘公交很不方便，但

她似乎看起来很开心,她说:"你知道你一直的在说的包裹的事情吗?我因为找不到自己的鞋子,导致我们迟到了。"最后妈妈在垃圾箱里找到了被报纸盖住的鞋子,这是洛伊丝做的。尽管这件事给他们带来了不便,但洛伊丝的妈妈认为基于图式的解释比基于洛伊丝过错的解释更有趣、更让人满意。(2007, pp.144-145)

与幼儿一起生活和工作的人会运用不同的理论去解读幼儿言行中所包含的意义。使用图式理论来解释幼儿言行的人也是如此。被放在垃圾箱里的鞋子并不能帮助我们理解幼儿的行为,但是从另外一个角度看待此事则会不同。对教育者来说,应该把图式理论当作灵活的、有助于教与学的工具。教育者不应成为理论的奴隶,每一个在工作中接触幼儿的人,都应该充分了解各种学习理论,并且能够把这些理论运用到自己的工作当中去。

与儿童打交道的成人要把每个儿童当作一个独立的个体,并利用有关儿童发展和学习的理论去解读儿童的言行举止。在幼儿教学中运用图式理论,是运用理论来认识、建立和提高幼儿的力量、兴趣和能力,而不是把注意力过多地集中在他们还不会做的事情上。没有一种理论可以解释我们遇到的所有问题。图式理论已经被证明可以帮助儿童的认知发展。同一个理论在多大程度上可以用于理解发展的其他方面,如情感和情绪的发展,目前还无法确定。实事求是地说,要做到这一点可能对单一的理论要求过高了，因此，进一步的研究将会为我们揭晓答案。

本章在一定程度上梳理了专业教育工作者运用图式理论来分析儿童的发展时所遇到的问题。这些问题表明对儿童思维的探索仍在继续，同时也表明了所有教育者对更深入地理解儿童的思维有着专业的兴趣。本章的这些问题来自那些不断丰富自身知识和思考的教师。跟这些教师在一起的儿童有着丰富的知识，因为他们的老师会问"为什么""怎么办""什么"以及"何时"。幼儿是高度复杂的思考者，他们需要支持、挑战，需要去玩耍、探索、思考，同时也需要知识。如果一名教师不具备关于儿童思维和发展的专业知识，或者没有反思自己的工作及自己与儿童之间的互动，他就不能进行有效的教学。掌握图式理论可以使专业教育者拓展自己的思维，进一步完善和提升自己的实践水平。只有不断地汲取新知识并在实践中加以应用的早期教育者，才能够帮助孩子在丰富的游戏中探索这个世界，并担当起培养新一代思考者的重任。这样的教育者可以为儿童的思考提供支持，利用有价值的课程内容和教学过程来拓展下一代儿童的思维。

❓ 思考问题与实践

1.关于图式，你还有其他问题吗？如果有，请写下来，然后和其他人讨论。对儿童的观察有助于你回答这些问题吗？

2. 请仔细观察儿童画的一些画，听听他们在画画时说了些什么。儿童绘画的内容或形式是否能为儿童的图式兴趣提供线索？

3. 回顾对卡罗尔的对比观察。这两个对比观察揭示了哪些可以培养你观察能力的方法，让你在儿童的行为中捕捉到形式和内容的相关细节？

4. 思考本章引用的艾希关于洛伊丝和她母亲鞋子的例子。图式理论在这种情况下有用吗？教育者如何帮助洛伊丝的母亲想出其他可能的方法，让洛伊丝探索她的"包裹和容纳"的图式？

拓展阅读

Athey, C. (2007) *Extending Thought in Young Children: A Parent–Teacher Partnership* (2nd edn). London: Sage.

Meade, A. and Cubey, P. (2008) *Thinking Children*. Buckingham: Open University Press.

第二部分

幼儿的学习模式

PART II

第三章

幼儿学习的一致性、连续性和渐进性

Consistency, continuity and progression in young children's learning

> 约翰和父亲步行去学校。他边走边说:"如果今天有木工活动……如果可以做木工……如果可以的话,我要去做我的飞机。我要钉上钉子,装上翅膀,然后我就可以给它涂色了。"约翰的父亲问:"你有很多要给飞机做的事吗?"约翰回答道:"这些事情可能要做一早上。"

约翰4岁了,他可以记住自己昨天做的事,并计划好当天早晨到早教中心后所要做的事。他知道自己的计划取决于当天早教中心的准备——取决于成人是否会像前一天一样提供木工工作台和木工工具。约翰的计划是继续完成他前一天的工作:他已经想好如何完成自己的飞机模型,并且考虑到可能要花费的时间。他始终如一地坚持着自己已经选择的活动，并计划着工作的进度。他需要的是有准备的环境——可用的木工设备和空间——使他能够看到自己的计划顺利实施。

5岁以下儿童在行为和思想上保持着一致性的主张可能仍会引起一些质疑，特别是当一些人在继续谈论非常年幼的儿童时，会认为他们在生活和学习中的方式不具有一致性，而且存在间断性和特异性。然而，模式和一致性是幼儿发展的特征，当成年人花时间和耐心仔细观察时，就可以发现这一点。最近对年幼婴儿的研究表明，他们对环境和对他人的反应也比以往所认为的更具系统性和一致性（Page, 2005; Trevarthen, 2002）。专业的教育工作者和父母均可以通过识别儿童图式（儿童的学习模式）来提供与他们兴趣模式相符的学习经验，从而为儿童提供具有一致性的学习机会。对幼儿进行有效的早期教育必须具有一致性特征，这可以从以下三个"常量"来考虑：

- 成人及其行为；
- 活动流程和信息；
- 经验和材料。

成人及其行为

幼儿需要与其成年看护者之间建立起一致性关系。他们需要自己的"关键看护者"（key worker）在集体看护的大部分时间里都与他们待在一起（Abbott and Moylett, 1997; Elfer et al., 2003; Goldschmied and Jackson, 2004; Nutbrown and Page, 2008; Page, 2005; Rouse, 1990）。5岁以下的儿童需要与一个或多个成人建立一致性关系，这些成人知道儿童的行为方式并了解他的需求。儿童在适应新环境的时候会与某个成人"亲密接触"并形成初步的依恋关系，他们通常自己会选择这个特殊的"他人"。对鲍比（Bowlby, 1953, 1969/1982）的依恋理论进行现代诠释，有助于我们理解成人所发挥的关键作用，尤其当成人为儿童的情感和学习提供持续支持时。实践中的做法各不相同：有些情况下，人们会为特定一组儿童分配关键看护者；在其他情况下，儿童则通过"依靠"特定的人员来有效识别自己的特殊他人（Elfer, 2002; Nutbrown and Page, 2008）。无论哪种方式，来自成人的持续支持对儿童、他们的父母，以及专业教育者的职业满意度来说都至关重要。父母想要知道当他们准备分享或讨论自己孩子的问题时，首先应该找谁谈论。儿童需要知道当他们想要分享兴奋、忧虑，或者需要帮助时，他们应该找谁。

集体环境中的教师、托儿所的保育员，以及其他的教育者和看护者必须对儿童及其父母采取一致的方法。在日常与儿童的互动中，他们为孩子的学习生活提供了具有一致性的"常量"。儿童需要能够预测成人对某些情况的可能反应，这样他们有时候就能够进行一些冒险的尝试，也许有些人会冒险进行提问，冒险尝试新的活动，或者冒险解决新的问题。如果能够获得成人的支持，并且对成人如何回应自己的冒险有所了解，儿童就更有可能去"冒险"尝试新的事物。

活动流程和信息

第二个"常量"来自成人及其行为方式。孩子们需要"知道他们在哪里",从而能够在自己的环境中自信并有效地行动。如果情况发生变化,他们就需要这一"常量",即成人的支持,从而帮助他们去应对新的,有时是令人费解、令人恐惧和具有挑战性的经历,并从这些经历中学习。孩子需要这样的安全感,他们要知道当自己需要支持时将会发生什么,从而帮助他们去应对例行性的变化和突发事件,或者意外的变化。如果情况发生变化,他们需要有明确的解释,并需要一定时间来适应这些变化。儿童能够理解的信息是非常重要的,它能够帮助儿童适应新情况,以及充分利用他们的日常经验。关键人物系在这里非常有用,成人负责确保儿童了解正在发生的事情,并且能够提供帮助来确保儿童可以维持特定的日常活动,以支持儿童在环境中的独立性,以及让他们的能力在发展水平范围内得到独立发挥。

经验和材料

早期教育的第三个"常量"围绕着为儿童提供的每日课程安排。当课程开始时,孩子们进入托儿所时看到的那些东西需要有些一致性的元素。当有熟悉的内容支持时，儿童可以更有意义地进入到他们所开展和参与的经验探索中去。当儿童不再为诸如在哪里可以找到东西，应该问谁或做什么而烦恼时，他们就可以继续进行学习。儿童需要知道有些事情每天都会保持不变，例如，木工工作台以及必要的材料和工具都将一直在那里供他们使用；涂料也总会放在某处；那些他们喜欢的书或今天读过的故事也总会放在某处，明天可以再接着读。正像约翰想要完成自己的手工飞机一样，儿童需要知道，如果他们今天开始做某件事，那么明天还可以接着完成它或继续给它增加新的东西，以此来发展自己思想和行动的连续性。

这种材料的连续性在瑞吉欧·艾米莉亚（Reggio Emilia）开发的课程和教学法中得到体现，在这种课程中，孩子们从事的项目可能需要数周和数月才能完成（Abbott and Nutbrown, 2001; Edwards et al., 2001; Malaguzzi, 1996）。瑞吉欧课程还借鉴了我们对儿童发展理论的认识，也包括发展适当的实践（Bredekamp, 1991; NAEYC, 2009）以及皮亚杰（1953, 1962, 1972）和维果茨基（1978, 1986）等心理学家的学习理论的认识。瑞吉欧课程和教学法也支持了儿童心理方面的健康发展，比如温尼科特（1957, 1964）和埃里克森（1950, 1968）提出的方法。

这三个"常量"——成人及其行为；活动流程和信息；经验和材料——帮助我们建立起具有一致性的课程和教学法，使幼儿成为积极主动的独立学习者，他们能够：

- 应对新事物。因为幼儿在这样做时会感到安全，而且这会激发他们去尝试，并且他们知道成人会在他们需要时提供帮助。
- 在到达幼儿园时计划自己要做的事情。例如，决定"今天下午我去幼儿园时要给一些木头涂色，并把它们固定在一起"或"我想我今天早上可以做个窝"。
- 根据先前的经验重温熟悉的材料，例如返回积木区以再次搭建昨天搭起来的有趣结构，或者在绘画中添加新的内容，或者为故事添加更多细节。

让幼儿知道成人、空间、时间和活动材料将保持不变，今天会和昨天一样，有助于幼儿为自己所做的事承担更多的责任，并遵循自己一贯的思维和行动，而不会给自己造成不必要的阻碍或者过度依赖成人。

一致性的问题可以使我们的思考具有连续性和渐进性，这也是有效学习的必要因素。英国的《1988年教育改革法案》率先引入了国家课程，旨在确保5~16岁儿童的学习和成就具有连续性，并明确了应该如何促进儿童的学习。1996年，被称为"理想结果"的文件正式发表，以指导幼儿教育阶段之后的儿童进行学习,它详细介绍了从学龄前到关键阶段1①的儿童应获得的经验和发展。在某些领域(但绝不是全部),这些经验包括一系列针对儿童的发展计划,体现在发展他们的能力和知识链方面。英国国会针对5岁以下儿童的教育专项委员会在《1988年报告》中主张,早期教育是家庭教育和法定学校教育之间持续过程的一部分:

> 早期教育不是分离的和独立存在的,它是迈向相关的、连贯的和综合性课程的第一步……"教育是一件无缝的长袍……3岁和4岁儿童的学前经历也是连续体的一部分。"同时,幼儿教育不会、也永远不能取代家庭教育,但它是家庭教育的延伸。(House of Commons, 1988, para. 2.5)

这一观点随后被英国皇家视导处(Her Majesty's Inspectorate [DES, 1989])和兰布德委员会的报告相继引用:

---

① 关键阶段(Key Stage)是英国在《1988年教育改革法案》中与国家课程同时引入的概念,指英国公立学校系统对各年龄段学生的知识学习进行预期安排。关键阶段包括五个:关键阶段0是学前期,通常称为基础阶段(Foundation Stage),指托儿所(Nursery school)阶段(3~5岁);关键阶段1是初等教育的第一个阶段,指1~2年级(5~7岁);关键阶段2指3~6年级(7~11岁);关键阶段3指7~9年级(11~14岁);关键阶段4指10~11年级(14~16岁);关键阶段5指12~13年级(16~18岁)。——译者注

> 为5岁以下儿童提供的最好的教育，应该始终考虑到要与他们下一阶段的教与学保持连续性。新的法规(《1988年教育改革法》)也特别强调了确保课程连续性和渐进性的重要意义。(DES, 1989, para. 73)
>
> 幼儿发展阶段的广泛性和幼儿的需求使得教育工作者肩负提供课程的重任，他们提供的课程应该考虑到5岁以下儿童群体之间的相似性和差异性，并能够联结幼儿以前的经历和后续的发展，使之保持连续。(DES, 1990, para. 63)

从2008年开始，早期基础教育阶段成为英国教育系统的一部分，这一阶段涵盖了从出生到入学前(5岁以上)的儿童。该阶段的教育在国家课程的关键阶段1之前，而课程指南将这一阶段的学习分为六大领域(涵盖儿童的身体、智力、情感和社会发展)：个体的、社会的和情感的发展，沟通、语言和读写能力，数学发展，对世界的认识和理解，身体发育，以及创造力发展。2000年，英格兰和威尔士划分了针对3至5岁儿童的第一个基础教育阶段，这标志着幼儿教育政策的重要发展，其中包括国家对幼儿教育资助的改变、新的法规，以及对5岁以下儿童的检查制度。因此，一些儿童在早期基础教育阶段参加了许多学前教育机构，这些机构可能包括游戏小组、托管中心、托儿班和学前班。对于许多人来说，第一个基础教育阶段的引入代表着在政策层面对幼儿特殊学习需求的认可，"游戏"的概念开始回归并被视为幼儿学习的关键要素。这个关键的文件就是《基础教育阶段指南》(简称《指南》)(QCA, 2000),《指南》举例说明了儿童在整个基础教育的不同阶段是如何朝着早期学习目标发展的,并指导相关从业者应该如何支持儿童的发展。自1988年以来,英国针对5岁以下儿童的课程政策进行了不懈改革,2008年的早期基础教育阶段是最新的改变,其重点是5岁以下儿童的学习——无论这些儿童所参加的是什么教育机构(包括儿童照顾服务)。该《指南》明确强调,游戏是早期教育教学中的核心要素。

早期教育中的"教学"

无论政府颁布的政策在教育教学方面有什么要求,儿童都需要在自身学习中保持连续性。他们需要有机会继续做自己已经开始做的事情,并且需要支持以便在学习中取得进步。然而,对5岁以下儿童学习连续性的兴趣要远远早于正式文件的发布。艾希(2007)根据这些"持续的关注"描述了儿童学习的连续性,并说明了当儿童在探索自己感兴趣的主题和解决自己选择的问题时,在数学和科学领域所表现出来的高水平思维活动。她还描述了互动双方分享去不同地方访问的经历,在学习的连续性方面发挥的作用:

> 基于项目的访问可以提供重要的连续性,使成人能够参考儿童分享的经验。这种连续性在以下问题中得到了最

清楚的表达:"你还记得当时……吗?"连续性的另一个重要方面在于儿童所接受的不同层次的客观现实。例如,在进行急速滑行时所获得的感官和运动经验,可以为儿童进一步研究螺旋提供基础。科学玩具就是基于对这种扩展的考虑而被引入了早期教育。连续性是概念发展的重要组成部分。(Athey, 2007, p201)

教育的连续性和渐进性需要将过去、现在和将来的经验联系在一起,要认真考虑这对5岁以下儿童课程的重要性。我们必须清楚地理解"连续性"和"渐进性"的含义,以及早期教育如何实现幼儿学习和发展的连续性和渐进性。连续性和渐进性的概念比过去20年政府的长篇描述要复杂得多,这不只包括仅为儿童提供材料和设备,也包括不断评估儿童的活动和学习的"成果"。接下来让我们简要地考虑一些问题。

首先,我们是否考虑到思想和行动的连续性?我们是否关注并给儿童的想法、兴趣,以及他们的实际活动提供连续性?我们是否考虑到流程和内容的连续性?我们是否过分强调早期教育经验的产物,却忽略了经验本身,因为这些经验可能不会带来即时的结果?我们知道如何解释儿童学习的可见成果吗?他们的图画到底意味着什么?儿童在某一天的想法和行动如何在接下来的日子里进行扩展?

连续性和渐进性的不同方面需要详加考虑:

- 政策推行的连续性和渐进性;
- 成人控制的连续性;
- 儿童建构的连续性;
- 思维的渐进性;
- 创造有意义的连续性。

政策推行的连续性和渐进性

《1988年教育改革法案》标志着英国开始对5岁以上的儿童实施国家规定课程——开创了为小学阶段儿童提供外部连续性和渐进性的时代。这些课程的连续性体现在10个科目当中:英语、数学、科学、地理、历史、音乐、体育、艺术、手工、设计和技术,以及(地方自主的)宗教研究。自从国家课程颁布实施以来,对课程的不断修订以及《德尔灵评论》(DfEE, 1997)的发表,使得小学课程得以"精简",重点放在了英语、数学和科学这样的"核心"科目上。国家读写战略引入了"读写时间"概念,紧随其后的是"算数时间",这导致全国范围内的读写课程和算术课程发生变化,迎来了一个外部的、政府控制课程设置连续性和渐进性的新时代。

1996年,英国首次颁布了一套外部期望指标,对(某些形式的)学前教育所能达到的结果以及对儿童的"期望"成就进行界定。这套指标侧重于读写、数学、"知识和对世界的理解",以及个人和社会教育(DfEE, 1996),并由此引发了幼儿园课程修订的浪潮。为了所谓的"理想"结果,教师开始调整他们的课程计划和评价标准,这种对学前教育"结果"的窄化,威胁到了幼儿园的课程形式,原本在这些课程中幼儿可以追求自己思维的连续性。这些对学前课程和幼儿园教育实践的外部影响,也预示着自 1998 年 9 月起首次施行的对儿童的外部评价(SCAA, 1997)。但是,这种从外部强加的、对课程内容及其成效进行评价的限制性政策只是暂时的,在 2000 年即被更灵活的基础教育阶段政策取代,新的政策重新引入了游戏的时间和空间,并允许在早期教育的这一阶段实行弹性计划。2008 年,英国颁布了针对早期基础阶段教育形式的最新政策(the Early Years Foundation Stage Profile),涵盖了从出生到 5 岁的年龄段,打算以这种方法为基础去吸纳规定的课程和评价制度,从而评估儿童在出生后最初 5 年的发展情况。该计划在 2010/2011 年进行审核后,得到了进一步的修订。

成人控制的连续性

成人控制的连续性可能需要(或假设)儿童可以在几周内专注于一个主题。尽管有关主题的最初想法可能源于孩子们的兴趣或经验,但通常是早期教育者来计划和扩展主题内容。主题教育的方法具有跨学科的性质,这种性质旨在为幼儿提供全方位的学习机会,使之成为"广泛、平衡、相互关联和具有特色"的课程(DES, 1989)。运用主题来设计课程并组织实施是确保课程内容具有平衡性和广泛性的一种方式，这种方式可以整合学习要素而不是错误地将其划分到不同的学科领域。然而，经验表明，这种持续数周的连续性通常是由托幼机构的教师提供给儿童的，并且以内容为基础。例如，一个关于旅行和旅途的主题，可以将基础教育阶段提倡的所有6个领域的学习内容和经验集中整合起来，从而提供兼具广泛性和平衡性的课程。

自2000年以来，基础教育阶段要求幼儿教育者展示他们的计划是如何通过明确定义的"分级阶梯"来支持儿童的渐进式学习的。从2008年开始，早期基础教育阶段继续执行这一要求。

尽管上述指标的指导范围相当广泛，但仍然存在不足，详细说明儿童学习的步骤和目标可能会导致实践课程的效果被限制在最低限度。因此，幼儿教育工作者必须时刻保持警惕，使他们所控制的连续性也能适当挑战并扩展儿童的思维。

例如，有关"旅行和旅途"的主题可能包括：早期的地图查询或绘制工作；教师讲述或幼儿阅读与旅行的相关故事以及不同国家的情况；考虑交通工具的选择和到达不同地方的线路；不同的出行方式是如何运作的；能量的不同表现形式；历史上的旅行；当地的旅行，等等。许多早期教育工作者使用这种方法来构建广泛而均衡的课程，这样的计划还能够包含对课程的整体看法，使儿童可以在真实的环境中进行学习，并得到一个连贯而整合的概念，而不是被分离的概念片段。这种计划以儿童的兴趣为基础，能够给儿童提供动态且具有价值的学习机会。但这也只是教师提供的课程而已，因此，寻求提供高质量教育的教师和其他专业教育者，需要了解每个儿童在多大程度上接受、运用并学习了课程提供的内容。

主题活动可以实现整个课程的连续性，也可以成为课程设计的有效工具。但是，成人建构的连续性不一定能够满足儿童自身学习和思考的连续性需求，这种仅由成人通过外部建构而达成的连续性，难以包含儿童对学习和思考做出反馈的机会，而这正是许多儿童乐于做的。一直以来的情况是，描述儿童是否全神贯注于他们正在进行的活动，并将其作为所提供课程的一部分，以便展示儿童从中学到了多少东西（Athey, 2007; Isaacs, 1930; Meade and Cubey, 2008; Montessori, 1949, 1963）。倾听儿童也是理解他们学习世界的重要组成部分（Barratt, 2006, 2009; Carr, 2007; Coates, 2002; Coates and Coates, 2006; Engel, 2000）。观察儿童、倾听儿童，对理解他们的学习至关重要。"作为教师，我们努力进入儿童的思维，了解他们的所思所想，这恰恰是儿童本身展示给我们的，通过他们的谈话，我们得以了解他们的思维。"（Drummond, 1993, p59）

4岁9个月的安德鲁画了一个封闭的圈，内部带有4个标记（图3.1）。他说：

> 这就是肠子。它们里面什么也没有，是食物要去的地方。那是一条血管。这条血管必须很长，这样食物才能进入肠子。那是骨头，你得有骨头，要不就像果冻一样软了。

图3.1 "这是肠子"

如果没有成人专心倾听,安德鲁的画中蕴含的思考以及他对"里面"和"经过"的兴趣将不为人知,也不会被注意到。

户外环境能够提供相对的自由,也可以为儿童提供宝贵的机会,使他们可以探索一系列主题并能够遵循自己的兴趣。专业从业者可以为儿童提供探索的起点,但他们必须足够大胆以放弃对儿童行为的某些控制,以及放弃控制儿童的兴趣如何发展。户外活动的最大好处之一就是为学习提供了开放性,如果在树林中堆放着一堆木棍，孩子们就可以将它们用于各种目的并进行探索，而成人则可以静静地观察并酌情提供支持、建议和挑战。

儿童建构的连续性

识别并培养儿童的图式可以提高教育工作者的洞察力，从而帮助儿童设计具有连续性的良好学习规划。儿童的动作、表现、言语和思考的持久线程，似乎是将儿童的所做所想与学习过程、学习内容联系起来的基本要素。这种连续性——也涉及儿童在探索、思考和学习过程中创造出的自己的连续性——属于课程连续性讨论的核心。从这个角度来看，图式可以被视为儿童思维发展的核心。

由单个儿童建构出的某些连续性可以被看作是"连接"不同领域内容的思维线程（或图式）。如果没有专业教育者的观察和反思，这些细微的线索就无法被发现，孩子们所选的活动——不管是在内容上还是在思维上——都有可能被看作是缺乏连续性的。当我们没有观察到及识别出儿童单独的行动方式和思维方式时，就可能会认为孩子们缺乏连续性和专注力，并且无法自己做出选择，更不用说为自己的学习承担责任了。幼儿通常被描述为会从一种活动很快转移到另一种活动。但是，当有专业知识的教育者在没有明显关联的活动中仔细观察孩子都在做什么时，他们有时就会发现（并理解）儿童重要的认知联系；对于那些不了解情况并且缺乏儿童学习理论基础的人来说，这种认知联系仍然是不可见的。例如：

> 一个3岁的幼儿不停地从一项活动转到另一项活动。起初，他在沙地里挖坑；然后跑到别处用黏土做杯子；后来，他跑到户外的柳树下"躲"起来玩捉迷藏；接下来他又开始画画，在一张大纸上画了两个椭圆形，并且在每个椭圆形的中心做了标记。他说那是"关在笼子里的老鼠"。

如果从动作的不连续性角度考虑，这个幼儿在6分钟里换了4种不同的活动材料（沙子、黏土、柳树、颜料）。如果考虑到思维的连续性，他则创造了一个沙坑（在沙地上）和一个容器（用黏土），他藏在一个被包围的空间中（在柳树下），并且用画表示两只老鼠被关在笼子里。第二种方式的思考使得幼儿行为之间的联系或者连续性变得显而易见，这是他的包围/封闭图式的一部分，也是他主要的认知关注点。

当我们头脑里牢记着图式（而不是单纯的内容）来观察儿童的行为时，就有可能用不同的方式来解释儿童的学习方法。我们正是通过图式，以及将内容与不同的图式线索相匹配，才可以识别儿童自己对现实世界的建构，并为其以后的创造性学习提供进一步的连续性。以这种方式看待学习就如同打开了一扇门，将先前晦暗的区域照亮，让你重新看到那些隐藏的信息。

> 4岁的薇姬不断地从厨房取下挂着的茶巾，用茶巾把她的泰迪熊玩偶包起来，放在床上让它睡觉，这种行为让她的父母很恼火。薇姬的母亲在参加托儿所举办的有关儿童图式的讨论时才意识到，原来薇姬不仅在对待泰迪熊时有这种包裹行为，她在外出时还总是随身带一个袋子，并且通常在袋子里再放一个较小的袋子、几个其他的袋子和钱包，里面装着小玩具、硬币、手帕、便条纸等任何看起来可以放进去的东西！薇姬的母亲之前一直以薇姬"还是个小女孩"来接受这种行为，她希望自己像妈妈一样（可以从手提包里拿出各种有用的东西）。薇姬可能确实在某种程度上模仿着她的母亲，但是从支撑这一行为和其他类似行为的相关例子中可以确定，薇姬的行为具有图式发展上的连续性。这个孩子正在集中而系统地关注内部。当以新的方式（一种认为她正在探索和学习，并且正沉浸在一种重要的思维方式当中）解释薇姬以前那些令人烦恼的行为时，薇姬的母亲决定可以用一张旧床单来制作小小的"泰迪熊床单"，从而让薇姬在拿不到她的茶巾时，能够继续进行她的包裹行为。

思维的渐进性

图式的逐步发展，以及儿童早期思维形式的扩展，最终可能引起图式之间的联系，从而形成新的观念。从儿童绘画时人物形象逐渐变化的过程中，我们可以看出思维发展的过程。这个人物形象最初的表示形式可能是简单的垂直线，然后是椭圆形，并且给这个椭圆形加上胳膊和腿，以及向上的弧形笑容——例如海蒂所画的她自己和朋友们（图3.2）。

后来，儿童可能在代表脸部的椭圆形内部或外部添加一些标记。最终，中心的椭圆形和垂直的、水平的线条连接在一起，作为整体代表带有胳膊和腿的身体。在2到3年的时间里（有时也会更短或更长），儿童关于人物的绘画能力以这种方式发展。值得进一步研究的领域是儿童的表征与其情绪发展之间的可能联系（Arnold, 2010）。儿童首先会表现他们自己和自己的观点，他们以自我为中心的生活观，然后会变得更加理解自己与世界以及与他人的关系（Matthews, 1994）。这种中心放射状的绘画出现时，可能正是儿童开始与周围环境、同伴、宠物，以及他人建立社交和情感联系的时候（参阅图3.3）。

当儿童开始意识到自己和他人关系时，其他人物就开始出现在他们的绘画作品中：他们的兄弟、姐妹、妈妈、爷爷，他们的狗、猫或金鱼。例如，4岁5个月的雅各布画了他的5个朋友一起在外面玩的情形，并且说道："拉斯、西姆、杰克、泰隆和艾萨克。这是一辆有趣的车。这是一辆小汽车。这是一辆

警车。我喜欢在里面玩。轰鸣的发动机。这是我的晚餐！"（图 3.4）

那么，那些最初让儿童不断感到困惑并进行思考的内容，是如何导向儿童的进步或发展的呢？来源于包围/封闭图式的幼儿思维，其内容可能与隐藏、覆盖或者"在里面"等观念有关。当这些基本观念发展起来后，儿童将会开始理解与容积或表面积相关的观念。然后，儿童开始使用符号来表示容积，就像成人理解汽车仪表盘上的汽油指示灯表示油箱中有多少油，或量油尺可以指示油箱中的油位一样。

图 3.2　海蒂画的自己和她的朋友们

图 3.3　贝丝的画"我——花园里的彩虹、阳光、花朵和草"

图 3.4　雅各布的画

第三章　幼儿学习的一致性、连续性和渐进性　　75

创造有意义的连续性

连续性是所有高质量早期教育课程的基本要素。为了有效推进课程，提供给儿童的课程内容必须与他们思考的内容和思维能力相匹配。如果以儿童能够做到的事情作为出发点，那么我们就可以帮助儿童更好地进行下一步的学习。基于儿童能力的发展来建构课程，以此来实现学习的连续性和渐进性，这种方式是包容且有效的。

国家的课程政策在发生变化，新的优先事项也在不断更迭。但是，有一件事是始终不变的，那就是幼儿自然学习的方式，他们自发的探索以及对问题和发现的需求。苏珊·艾萨克斯在短暂存在的剑桥麦芽屋学校中工作了3年，她所做的观察表明，儿童本身的好奇心和探索精神，是如何在成人鼓励探索的环境中转变为重要的学习时刻的。例如：

> 4.3.27
>
> 花园里，5岁9个月的丹正坐在自己的三轮车上反向踩脚蹬。我对他说："你不是要往前走，对吗？""不，当然不，我正以相反的方式把方向转过来。"我又问道："它怎么才能往前走呢？""怎么才能？"对于我的无知，丹用一种轻蔑的语气说道，"好吧，让我来告诉你，你可以用脚踩着踏板转圈，然后踏板就使这个东西转圈（他指向曲柄的轮毂），这样链条就转起来了，然后链条就使它转圈（指

向车轮的轮毂），然后车轮就转起来了，这样你就能往前骑了！"（Isaacs, 1930, p124）

皮亚杰那时曾经参观过麦芽屋学校，据说他认为该学校的做法是"令人惊讶"的（Graham, 2009, p157）。麦芽屋学校为儿童提供了多种多样的开放式机会，因此孩子们可以与成人一起探讨有关自己问题的答案，而成人则针对他们的探索进行启发式的提问。

尽管难以将外部施加的要求与儿童的个人需求相匹配，从而构建儿童自身的连续性，但是有经验的教师和其他早期教育专业人员还是找到了提供连续性的方式，即将儿童的思维和儿童的兴趣与课程内容联系起来。逐步提高儿童的技能水平以及引入新的材料内容，这些都应该支持儿童思维和观念的渐进性发展。虽然这些要素是必需的，但是如果在课程中占据主导地位的仅仅是技能和规定的内容，那么学习连续性中的其他重要因素可能会因此被忽略。如果技能的教授脱离了技能使用的需求，就有可能失去平衡，儿童作为具有独立性和创新性的思考者，其成长就会因此被限制。如果将儿童作为独立的人和学习者，尊重他们在学习过程中的核心地位和主动性，就能最好地实现儿童学习的连续性和渐进性。学习机会必须是有意义的，并且能够激发儿童的兴趣。当教师把意义和内在动力放在重要位置时，才能最好地实现课程的连续性和学习的渐进性。

许多备受尊敬的教育工作者的工作重点就在于，使学习变得有意义，正是他们奠定了当今幼儿教育的基础。福禄贝尔、蒙台梭利（Montessori）、艾萨克斯和斯坦纳（Steiner）的工作都向我们展示了基于对儿童发展的知识而进行仔细的观察，如何帮助幼儿教育从业者支持儿童自主选择学习方式。尽管上述四位研究者采用了不同的教学方法，对课程内容和学习者的本质及其价值也有不同的认识，但是他们秉持的信念是一致的，即都相信儿童的学习能力，都强调经过认真打磨的成人支持的重要性。当课程和教学法与儿童持续的兴趣及思维方式相匹配时，儿童就更有可能持续性地探索，即使他们的学习不可避免地遇到一些困难，也能努力奋斗、坚持不懈。成人要做的是与儿童的发展性合作，而不是与发展的成果对抗。

学习关系

俄罗斯心理学家维果茨基对儿童思维的理论做出了重要贡献。他认为学习是一个深刻的社会过程，这个过程需要不断的对话和协同。维果茨基的著作中高度强调了成人在幼儿思维发展方面发挥的明确且重要的作用。当前，幼儿教育者肩负着一项令人敬畏的工作，因为事实证明他们可以对提高幼儿的学习能力产生深远的影响。通过他们提供的经验，以及他们与儿童的互动，儿童的思维品质得以提高和增强。

根据维果茨基的说法，儿童一点一滴的学习都建立在其成长经历的基础上，早在儿童进入正规教育机构之前就开始了，他们所有的学习都基于现实生活的经验。当我们停下来思考诸如写作之类的正式学习时，我们往往会发现，早在有组织的学习之前，儿童的早期学习就已经开始了。早期的非正式学习是在儿童与成人的相处中发生的，当他们一起进行诸如烘焙、往洗衣机里放衣服，进行园艺活动和写生日贺卡等真实的日常活动时，就在进行学习。维果茨基认为，儿童的学习与其发展水平之间的匹配至关重要。他认为儿童有两种发展水平：一种是他们的实际发展水平，在这种水平下儿童可以独立完成任务；另一种是他们下一步可能达到的更高的发展水平。维果茨基认为这两个水平之间的区域就是"最近发展区"（zone of proximal development），即儿童可以独立做事与他们需要在成人的帮助、支持和指导下做事的区别。维果茨基论述道："儿童今天在帮助下能够做到的事情，明天他就可以自己做。"（1978, p87）这个概念强调了成人在促进儿童思维发展方面的重要作用：通过儿童与成人之间积极的互动学习，儿童得以不断进步，并生发出自己的思考和观点。

无论我们采用哪种学习理论，一个显而易见的事实是，发展和建构有意义的关系对于儿童早期积极且有意义的学习至关重要。正如吉莱斯皮·爱德华兹（Gillespie Edwards, 2002）所说："感情和依恋对幼儿的福祉至关重要……"成人在幼儿的学习生活和全面成长和发展中发挥着重要的作用，幼儿与成年人积极而密切的关系也至关重要。甘米奇（Gammage, 2006, p235）认为如果要发挥大脑功能真正的潜力，以及人要成长为全面发展、富有创造力和爱心的成人，以上这些要素都必不可少。21世纪以来，对以学前教育机构为主体的团体照料模式的修订和重新评估，使得人们对儿童人际关系建构的重要性有了新的认识，鲍比（Bowlby, 1953）最早提出的现代依恋理论指出，幼儿需要温暖的照料和能够对其需求做出迅速反应的从业者。1953年，鲍比提出了存在争议的观点，他认为婴儿与母亲建立的关系最为特别，这不同于婴儿与其他人，包括婴儿的父亲、兄弟姐妹、祖父母和其他人等建立的亲密关系。鲍比（1969/1982）后来辩称，他的早期著作和提出的理论被误解了。鲁特（Rutter, 1972, p25）在对鲍比依恋理论的批评中指出，婴儿可以建立多重依恋，其结论是：如果婴儿能得到高质量的照料和关爱，并且这种照料和关爱是由婴儿早期生活中始终保持不变的人提供的，那么这样由多人（至少4个或5个承担母亲角色的人）提供的照料和关爱不会使婴儿受到不良影响。

清楚了解儿童学习渐进性的最好方式之一就是对个体儿童进行纵向观察，可以在一段时间内分别观察不同的儿童，发现他们基于图式的兴趣，并分析这些图式兴趣与儿童行为、语言和思维发展之间的关系。下一章的内容主要是对加里、珍妮特和斯图尔特这3个儿童的个案研究，他们正在探索3种不同的图式。

思考问题与实践

1. 思考本章开篇案例中约翰和他父亲之间的对话,你认为这对课程计划有什么影响?每天为儿童提供材料和设备有多重要?这对课程计划的意义是什么?

2. 你所在的国家或地区的课程政策,在多大程度上允许课程计划和教学方法为连续性提供支持?

3. 思考应该如何系统使用关键人物,从而支持儿童日复一日进行一系列的提问和探索。

4. 集体学习的计划应该如何为儿童个体的图式学习行为提供机会?这需要成人进一步支持和参与吗?

拓展阅读

Bowlby, J. (1953) *Child Care and the Growth of Love*. London and Baltimore, MD: Pelican/Penguin.

Bowlby, J. (1969/1982) *Attachment and Loss: Vol. 1. Attachment*. New York: Basic Books.

Elfer, P., Goldschmied, E. and Selleck, D. (2003) *Key Persons in the Nursery: Building Relationships for Quality Provision*. London: David Fulton.

Isaacs, S. (1930) *Intellectual Growth in Young Children*. London: Routledge & Kegan Paul.

Montessori, M. and Chattin-McNichols, J. (1995) *The Absorbent Mind*. New York: Holt.

Piaget, J. (1990) *The Child's Conception of the World*. New York: Littlefield Adams.

Vygotsky, L.S. (1980) *Mind in Society: The Development of Higher Psychological Processes*. Cambridge, MA: Harvard University Press.

Vygotsky, L.S. (1986) *Thought and Language*. Boston, MA: MIT Press.

第四章

行为的一致性图式

——对三个幼儿的个案研究

Schemas as consistent patterns of behaviour: studies of three children

导 言

在本章中，我们将介绍和讨论加里、珍妮特和斯图尔特这三个儿童的学习经验。在这三个简短的案例中，我们观察了儿童在托幼机构中的日常工作、游戏和发展过程，阐明了他们思维发展中连续性和渐进性的不同要素。通过关注儿童个案，我们可以开始确定与发展模式（图式）相关的理论是如何在幼儿教育过程中发挥作用的。

通过检视对加里、珍妮特和斯图尔特的观察，我们可以考虑用艾希（2007）标识出的三种图式：动态垂直、覆盖和容纳，以及动态旋转。以这些儿童的经验为例，我们可以看到儿童是如何通过探索自身的图式来进行学习，并利用机会进一步学习的。在这些案例中，儿童思维的形式（图式）具有明显的一致性，但与之相关的思维内容（课程和生活经验）却是多样的。

对这三个儿童的观察是在一个学年内进行的，当时他们刚刚进入英格兰北部一所公立幼儿园。三个儿童在活动中都表现出了连续性，据此可以认为他们的思维方式具有一致性，并且在学习过程中表现出连续性和渐进性。尽管我们讨论到，每个儿童都具有一种占主导地位的图式，但这并不意味着其他图式不能激发儿童积极主动的学习方式。我们在每个案例中都分析了对儿童的所有观察结果，详细讨论了每个儿童最常出现的图式，并说明他们每个人与学习相关的图式。一旦确定了占主导地位的图式，托幼机构工作者就可以为儿童提供与他们当下兴趣相匹配的学习机会。

本章描述了儿童的一致性模式，这些模式似乎贯穿于儿童的全部行为之中：他们的行为、语言、绘画，以及思维。通过对加里、珍妮特和斯图尔特发展图式的仔细研究，我们会发现语言、绘画和动作是如何融合在一起，形成一个相互联系且结合紧密的图式的。

本章给出的案例来自笔者在一个学年中对 40 个儿童进行研究而得到的原始数据。尽管将这些数据与其他出版物中的观察结果进行比较分析具有很大的吸引力，但是目前我们还没有这么做。不过，其他研究中也曾提到过有关儿童图式的详细案例，这些案例与我们这里所描述的案例有异曲同工之妙（Atherton, 2004; Hassani, 2003; Meade and Cubey, 2008; Whalley, 1995）。为了进一步理解儿童的图式，以及支持相关教学法和课程的进一步发展，我们需要建立一个儿童观察结果资源库，分析儿童的图式和相关的成人支持信息。这样的资源库可以有效帮助与幼儿教育从业者基于图式去识别、讨论并扩展儿童的学习。这与斯滕豪斯（Stenhouse, 1975）所倡导的多案例研究方法类似，在寻找共性的研究当中可以借鉴这种方法。不同的研究者采用了不同的方法来研究图式，但是很多都认可艾希（2007）所阐释的动作、言语、表征和思维方面的模式研究。

加里：动态垂直图式

加里在转入这所幼儿园之前，上的是一所日托中心。他家是最近才搬到这个地区的，之前他曾在同一行政区的另一所日托中心就读。加里与他的母亲和一个2岁的弟弟一起生活，他们住在一个两居室公寓当中，距离加里就读的幼儿园只有几分钟的步行路程。

加里所做的标记、他的动作、他所建构的东西，以及他对语言的使用似乎都与他对垂直运动事物的兴趣有关。以下观察记录显示了他在整个活动过程中的思维和行为脉络。

加里（4岁7个月）经常在幼儿园花园中的攀爬架上玩。他通过各种不同的路线爬到顶上，然后再顺着滑梯滑下来。在跳上跳下和攀爬的过程中，加里会利用自己的身体来延伸和探索高度，他还经常学着电视中超级英雄的叫喊和姿势腾空跳起来！这种爬高和从高处跳下来的经验，对于发展有关高度增加和降低的概念，以及使儿童获得对身体的控制感而言非常重要。

如果儿童经历了这样利用他自己的身体来探测高度变化的经验，他就能够更好地理解这些抽象的经验，并在绘画和言谈中表现不同水平的高度。如果儿童拥有经常的、多样的、丰富的经验，那么他们就可以更好地根据这些经验来创作抽象的作品。

图 4.1 "这是一架梯子……"

加里（4岁7个月）画了一系列包含梯子的图画。图 4.1 表示的是"这是一架梯子，这是一个想要从梯子爬上去的人，还有这个是太阳。"加里的画清晰明了，并不复杂，他能够创造一系列的标记，这些标记使得他可以画出他想要画的东西。加里可以画出直线、圆点、弧线和圆，他还可以组合这些标记，将一个标记放在其他标记的内部，或者在其他标记的外部添加标记。他使用格子来表示"梯子"，这与他爬上爬下的兴趣相匹配。他说他所画的梯子是"有用的，因为它可以帮助你上去"。把什么东西画在哪里在加里的绘画作品中似乎也很重要，他总是在梯子的底部画上东西，例如地面、自己、另一个人或者一辆汽车，而太阳或鸟儿则经常画在梯子的上方。

加里（4岁8个月）在玩偶之家玩耍时，让一些玩具娃娃去爬楼梯，并且说："他们需要上楼梯，他们要在顶楼睡觉。"后来，加里的游戏中还出现了玩具娃娃们在娃娃屋的屋顶上工作的情景，他边玩边说："他们正在高处干活，他们爬上梯子去修屋顶上的瓦。"

对性别差异和机会均等的理解和重视，意味着托幼机构的工作人员鼓励儿童去使用他们可以获得的全部设备和经验。在这个案例中，加里展示了自己的兴趣和能力，同时使用玩具娃娃屋创作了一个符合他图式关注点的故事。性别刻板印象的限制会减少儿童获得各种学习的机会，这种情况在这里并不明显。玩偶之家为加里提供了一个富有创造力和象征性的游戏机会，以此来表现他在早期现实生活中的经验：他曾经看到过屋顶维修工修复破损的瓦片。

与加里的母亲交谈后，我们发现加里曾在假期时"帮助"一些工人更换房屋的瓦片。加里的母亲还提到，加里全神贯注地看着那些工人，似乎特别着迷于工人们在屋顶上行走。当时，加里还说道："他们好高啊，是吧，妈妈？"

加里的母亲回忆说，自己当时对加里表述出来的观察感到有趣，加里说自己看到工人们在很高的地方，而"很高的地方"这个词是她教给加里的。值得注意的是，加里在玩玩偶之家游戏时使用了"高"这个词。当成人使用的语言正好符合儿童的兴趣时，儿童就更有可能消化吸收这些语言。那些与当前情景无关，或者与儿童当前的图式关注点和兴趣不符的单词，对儿童来说意义不大。

加里（4岁8个月）保持着对垂直运动的兴趣并继续进行探索，他将小木梯抬到幼儿园的花园里，靠在墙上。他问老师自己是否可以"粉刷墙壁"。当然，幼儿园一般是不鼓励这样做的。（设想一下加里和另外38个孩子拿着画笔和颜料桶刷墙的情景，结果不言自明。）然而，老师找到了另一种满足加里要求的方法。她给了加里一大桶水和一把大刷子，并建议他假装粉刷墙壁。加里对此感到非常开心，于是他开始"粉刷"起了外墙。其他儿童也加入了加里的行列，他给大家解释了这种刷墙的方法："我必须先爬上四级梯子，得从高处开始刷，然后慢慢下来，再刷下面的部分。我看他们在我家外面就是这么刷墙的。"加里仔细地观察着他用水"刷"的砖块，数了数自己刷过的砖，说到他的水桶里还剩了"一半的水"。加里能够将空间和数量的概念结合起来，达成一定的思维连续性，并且在不同的思维之间建立起联系。

最近有一些工人在社区里重新装修一些房屋的外墙，这种经验正好与加里目前的兴趣一致，于是他充满热情地看工人刷墙，并且将这些情节反映在了他后来的游戏中。幼儿园的教师支持并扩展了加里的兴趣，根据加里的要求给他提供发展所需的材料。教师基于对加里的观察，为他提供与当前对高度和上下运动的兴趣相适应的学习机会。教师密切关注着加里的学习兴趣，不断明确自己的定位，使他们能够有意义地增加加里的学习机会。

加里（4岁9个月）画了一辆车，他说："我画了一辆汽车，它跑得飞快，但现在有一个车轮瘪了，所以它就停下来了。"他指着画中较小的一个车轮来让人明白他说的是哪个轮子。看起来加里已经找到一种方法来表现图式，即通过绘画再现乘坐叔叔的汽车时，车轮被扎破的情景。有机会看到瘪了的轮胎，看到汽车被顶起来更换轮胎从而使汽车能够再次开起来这一过程，这为加里提供了"思维的养分"，这些经验与加里当前的图式是相匹配的。

老师在与加里谈论这幅画时告诉他，这种轮胎变"瘪"的情况被称为"漏气"。她解释说，加里图画中的轮胎之所以漏气，是因为它被"尖刺"戳了一个孔洞。加里似乎很喜欢这些词语，并且很快地把它们用到了游戏当中，他假装幼儿园花园里的所有自行车都需要修理，因为它们的轮胎都被"扎破了"。

加里画中的梯子，以及他对"向上"和"向下"的理解，似乎都是他垂直图式发展的结果。之后，他的图画中还经常出现一些网格或十字交叉的图形。他用横线和竖线填满了整个画面，还创作了一系列包含大量十字交叉纹路的图画。这种垂直和水平的标记，再加上与运动的结合，预示着加里正在形成更加复杂的思维。

加里（4岁10个月）在一本书中看到蜘蛛网的图片，后来他又看到一张一个小孩在自己手上画画的照片。于是加里开始专注地凝视自己的手掌，并用手指沿着手掌的掌纹画线。后来，他在手上画满了网格状的图案（图 4.2）。画完之后，他说："我的手上都是蜘蛛网，我曾经在书上看到过它们。"加里看到了蜘蛛网中的交叉线与自然出现在手掌上的交叉线之间的相似性，这说明与儿童自己的思维方式、标记方式和语言结合时，书中潜在的资源和丰富的刺激材料更能发挥作用。

加里的"线条和网格"图案得到了改进，发展到可以画出手掌纹的复杂图案。金特尔（Gentle, 1985, p40）观察了某个儿童标记演化的过程，发现其标记能力是根据"之前做的标记、图式和已经进行的观察"来发展演变的。马修斯曾经在书中分析了 3 岁的本的一组绘画作品，他说："这个时期，本的绘画作品中潜藏着一个重要特征，状态的变化和位置的变化似乎反映了深层次的结构，即图式的不同方面。"（Matthews, 1994, p82）

加里（4 岁 10 个月）很好地利用了幼儿园提供的多种设施，自发地扩展着自己的图式。随后，他又以口头和视觉方式表达了自己的经历。有一次，加里用许多大型泡沫方块建了一座塔，说道："这是一座着火的高塔，比你见过的任何楼都要高。"然后，加里和他的朋友玩了一场用软管灭火的游戏，还搬来木箱当作升降机爬到塔顶。最后（在被推了一下后），伴随着一些戏剧性的"好莱坞风格"音效，着火的高塔被哗啦啦地推倒在地板上。又一次，加里解释说："人们把塔建得太高了，你不可能在摩天大楼上灭火，因为水不可能流上去。"

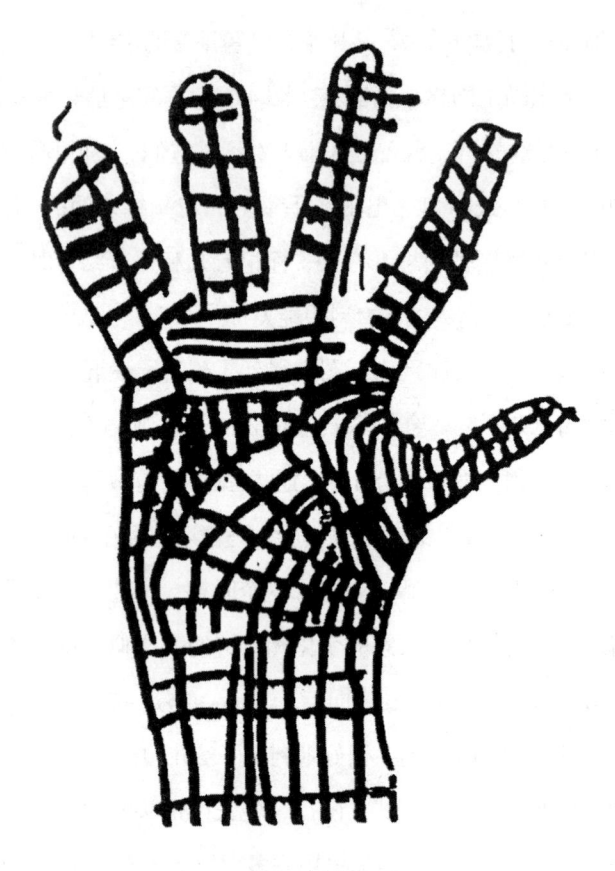

图 4.2 "我的手上都是蜘蛛网"

当老师与加里和他的朋友谈论他们搭建的摩天大楼时,加里绘声绘色地描述了他在电视上看过的一部电影,里面就有高塔着火的情景。加里描述升降机被移到大楼外面,但是由于楼太高了,升降机无法到达楼顶,于是人们就借助绳子滑下来逃生。当屋顶的游泳池开始坍塌,大量的水从建筑物的顶部倾泻而下。这部电影显然对加里产生了深远的影响,他在自己的假想游戏中用到了很多回忆起来的清晰细节。这个4岁儿童所吸收的与垂直相关的内容已经非常丰富了。

我们可以通过这个案例得出一些结论。众所周知，电视会对幼儿产生强有力的影响。儿童会关注并记住所看图像的细节元素（可能对他们产生积极或消极的影响）。本书并不是要讨论儿童看电视的可能优点或潜在危险，而是提醒我们留意相关信息。我们有必要保护儿童免受可能会对他们造成困扰的图像侵害，但是也要适当地利用媒体作为契机来增加拓展课程内容的机会。课程内容（我们将在第三部分进行更加全面的讨论）必须取材于现实生活，但其中也可以包括诸如电影和互联网内容的辅助材料。儿童需要第一手的经验，例如参观当地的工厂、动物园、消防站等，也可以通过参加诸如舞蹈节、音乐表演和艺术展览等活动来进行学习。艾希（2007）很好地解释了此类外出活动对儿童思维的影响。以上所有这些都可以成为有价值的课程的重要内容，而且这类经验需要经常性地被纳入儿童的学前课程中。对于许多幼儿教育者来说，这应该是非常熟悉的实践做法，但是对于许多人而言，熟悉的仅仅是游览的内容，而不是活动过程中能够为儿童的思维形式提供信息、养分和发展的东西。

加里对灭火的兴趣显然与当时他的思维方式和图式相吻合。有冲击力的电影场景占据着他的想象力：坠落的碎屑、喷洒的水流、升降机在建筑物外面上下移动、人们顺着高空的绳索滑下来。这个案例中的电影场景确实不能忽略，但是我们不妨关注一下，加里在他的游戏中表现这种情景的思维结构。这仅仅是纯粹的假想游戏，还是说如此之多的想象内容发展了加里的垂直图式？幼儿教育工作者在计划主题性的教育参观时，需要考虑到儿童的思维方式。到消防站参观可以发展儿童的许多图式和想法，服务于儿童的一些兴趣和需要，尤其是当教育者确定了儿童思维的形式（或图式）之后，这类蕴含丰富信息的情景内容就会变得更有价值。对梯子感兴趣的儿童可能会专注于"梯子"的结构而非梯子的运用场景。因此，对担任教师角色的人来说，其工作重点不一定要专注于梯子，而是要与儿童一起探讨以下问题："还有哪些方法可以用来增加高度，帮助人们从一个高度上升到另一个高度呢？"

珍妮特：覆盖和容纳图式

珍妮特在3岁9个月的时候开始上幼儿园。大约过了四周，她才能快乐地适应幼儿园的生活，在此期间，她的母亲和祖母每天早晨都会在幼儿园里陪伴她。珍妮特住在一栋半独立结构的房子里，与幼儿园同在一个行政区。她与妈妈、爸爸、两个哥哥（分别为12岁和14岁），以及6个月大的妹妹一起生活。珍妮特大部分时间都和祖母待在一起，她的母亲在当地的油炸食品店打零工。

珍妮特充分利用了幼儿园的环境，她的游戏看起来似乎很有想象力。在幼儿园里对珍妮特进行的许多观察结果都表明，与覆盖和容纳相关的动作行为是她进行游戏的基础，并且与我们的预料相一致，有的观察结果表明她的游戏还涉及一些其他图式。当儿童参与到各种体验中，并且利用偶然遇到事物时，他们就在发展着自己的思维、认知和对这个世界的理解。珍妮特的大部分语言都反映了她思维的基本图式，这可以帮助教师了解她的兴趣所在。

按照布朗（Brown, 1973）的说法，与儿童覆盖和容纳图式相关的言语表征大约是从2岁开始的。皮亚杰和英海尔德（Piaget & Inhelder, 1956）描述了三种类型的容纳：一维、二维和三维的容纳。珍妮特把自己"覆盖"起来许多次。她整理了用于装扮的衣服，然后自己躲到挂着这些衣服的手推车后面，把挂着的衣服当作门帘，她似乎特别愿意躲藏起来或被"覆盖"起来。珍妮特说："这是我的房子，请进。"这表明她把挂满装扮服装的手推车当作了房子，而房子就是她图式的内容。

珍妮特的这种游戏形式一直持续着，有一次她爬进了一个攀爬架，这个架子围成了一个封闭且有明确划分的空间。于是，她的言语和行为又一次匹配起来："这是我的小房子，我睡在床上。"珍妮特所说的这句话中有两处涉及容纳：房屋和床。她在描述自己的动作"我睡在床上"时，就是在自己的思维图式中增加内容场景。珍妮特所说的话和她所做的事情相对应，这表明她的言语和行为是协调一致的。

在很多情况下，珍妮特在娃娃之家玩耍时，都会用家具挡住入口：熨衣板、椅子，或在橱柜之间系一块布。事实上，她是在用自己所能找到的东西来填补空缺，以便将自己完完全全地包围进"房屋"内。通常，在进行这类操作时，她会说一些类似"我现在正在里面"或"门现在已经关闭"的话。珍妮特似乎需要完全的封闭空间，因此密封入口是她游戏当中的重要部分。与现代开放式的娃娃之家类似的布置，可能已经给儿童提供了玩"房子"游戏所需的东西，但这种布置没办法让珍妮特完全把自己封闭起来，因此并不适合她偏爱的容纳类游戏模式。

这种覆盖和容纳的思维图式似乎贯穿了珍妮特的日常活动，教师可以通过观察她的行为和言语来识别她的思维图式。早期教育的作用不仅仅是识别儿童的行为和学习方式以便理解他们的行为；教师和其他教育工作者作为支持和激励幼儿学习的责任人，还必须找到扩展幼儿思维和学习的方法。通过对儿童进行认真细致的观察，获取对儿童发展及其学习进程连续性和渐进性的认知，并基于这两点来做出教学决策，这比不考虑观察情况就简单地向所有儿童提供一系列活动更有可能激励和扩展儿童的学习。幼儿教师应该有能力开发出各种方法，使课程计划与各个幼儿的兴趣和关注内容相匹配。这样的教育者在工作中具有创造力、灵活性和想象力，他们会根据实际情况参与并干预儿童的游戏，从而扩展和挑战儿童的思维和行为。

珍妮特的老师就是这样一位机敏的教师，她利用突然下大雪的时机创造了鲜活的学习机会。当时，老师看到包括珍妮特（4岁1个月）在内的一群孩子正在户外的雪地里玩耍，他们用水桶和铁锹在雪地上挖雪、堆雪人、打雪仗和在雪地里滑行。她想知道自己是否可以（或应该）引导珍妮特对雪的喜爱和探索，并帮助她与其他孩子一起，获得更多关于"里面"的体验。老师明白，对于自己的建议，孩子们要么会急切地接受，要么会置之不理，于是她建议孩子们可以试着建一座雪屋。孩子们同意了，他们把挖出的雪堆起来，讨论如何建造雪屋，并将雪滚成小雪球，然后添加更多的雪来使雪球变大。珍妮特跳到雪堆当中，假装躲藏起来，然后进行了一场自发而快乐的"雪地捉迷藏"游戏。孩子们将雪堆成一堵墙，珍妮特知道自己家里的房子是用砖砌成的，于是叫上几个伙伴一起用雪来做砖块。这是一个相当有挑战性的任务，有两位路过的家长（也许羡慕孩子们的雪地运动）很高兴地停下来加入孩子们的游戏。住在学校对面的一位退休老人，从窗户里看到孩子们在玩雪，就送来了他自己花园里的小铲子。幼儿园里的保育员也从车上拿来雪铲给了孩子们。这些工具使得雪屋的建造更加容易。老师提示孩子们可以谈论一下砖头的大小和重量，以及这面墙应该建多宽。珍妮特最关心的是这个雪屋的"里面"应该要有多大，才可以让每个人都可以进入屋子。

通过这种充满活力的合作体验，珍妮特的兴趣似乎已经从单纯待在某物的内部，转变为思考空间的用途以及物体大小的重要性。她认为应该有一个"让人们保持干燥"的屋顶。当给她提供一条（夏天当作帐篷用）毯子时，她说这毯子"还是会让雨水流进屋里"，于是她选择使用一块木板支撑的塑料布当屋顶。她解释了自己选择的理由："当窗户破洞时，我爸爸就把塑料布放在窗户上堵住，这样雨水就不会渗过这些东西流进屋里了。"

房屋建筑完工后，孩子们分到了一些热汤，这些汤是由幼儿园的保育员带着另一组幼儿一起在室内准备的。珍妮特指出，伙伴们需要在屋子里"进进出出，因为他们不能全部一起进到屋子里"，她还建议做汤的一些孩子应该进到屋子里来坐坐，因为"他们让我们的肚子暖和起来了，所以他们也可以在屋子里玩。"

这种经历是一种分享与合作的平衡过程，涉及儿童、教职员工、父母和本地的社区成员。这一经历使得幼儿有机会学习相互合作以及有效沟通，让他们了解如何去进行体力劳动，并理解在工作中需要好用的工具、防水且保暖的衣物等。孩子们讨论了许多基于数学方面的问题：有多大、有多少、太重、太小、正好适合。他们讨论了角度、角、形状和位置。他们讨论自己在那个上午的共同经历：雪的特点。讨论雪白的颜色、寒冷的感觉、雪的融化等，街道和花园中的吵闹声，以及如果阳光照耀或温度下降的话，雪将会如何进一步变化等问题。孩子们在这个忙忙碌碌又坚持不懈的团队中不断讨论交流，这些早期的科学观念自然而然地成了孩子们的话题。教师充分利用了眼前的机会，最大限度地提高了每个孩子的兴趣，并帮助他们发展和领悟不同的事物：与他人一起工作、考虑尺寸大小、共享挖掘工具、估算和测量空间，以及由此带来的乐趣和满足感。

显然，参与这种丰富的户外活动使儿童得到了有意义的机会进行交流与学习。他们的工作受到一位老师的激励和扩展，由于这位老师了解孩子们的兴趣，并善于激励他们有目的地进行合作性工作。这些儿童在学习合作的同时，也获得了有价值的认知经验。他们与同龄人和成年人一起建造雪屋时，分享着他们自己的想法、计划、挫败感和快乐。建造雪屋的生成性活动与预先计划好的制作热汤的活动完美结合。老师和幼儿园保育员巧妙地将这两项活动结合在一起，使儿童及其家长可以一起分享上午的工作成果。

通过标记等表征活动，我们还可以清楚地了解儿童的兴趣。珍妮特通过在纸上做记号来表示覆盖和容纳的动作和行为，这些记号与她自己钻进物体内部以及在容器内放置物体的动作水平是相匹配的。珍妮特从一系列印着各种几何图案的纸中选择了一张印有分开的同心圆的纸，她拿着蜡笔用一种颜色涂满了整张纸。珍妮特在解释她的作品时说："我把所有的图形都盖住了——它们被藏起来了。"我们对这种明显涂鸦的第一印象可能是粗心大意或者鲁莽轻率，甚至是浪费纸或懒得好好画，但珍妮特对自己作品的评论表明了她对纸张进行涂色的真正目的。

当珍妮特口头描述她画的一幅画时，"在里面"的概念就和珍妮特所做出的覆盖标记结合在了一起："下雨了，这是雨伞，这些是金属的东西，这是覆盖的材料，这是一只蜘蛛。这是水池里面，那个就是水池。"在这个案例中，珍妮特画的和描述的对象都是她所熟知的覆盖物或容器，她的用词反映了这种兴趣。

加德纳（Gardner, 1980, p. 26）观察发现，学龄前儿童会对他们世界中所熟悉的物体生成"固定的模式"或"图式"。其中包括用一个圆和它周围的一圈辐射线来代表太阳。珍妮特使用这种圆形的核心和放射状（Athey, 2007）来表示"蜘蛛"和"雨伞"。加德纳提出，这些基本的图式一旦建立，儿童就可以将其同化为更有组织性和更为复杂的经验表征。珍妮特经常根据自己的经验来画画，描述一些被覆盖或覆盖、被容纳或容纳的事物。

珍妮特展示了她的三幅画，这些画分别被形容为"我被盖住了""雪人，到处都是雪"和"一辆被雪覆盖的汽车"。显然，珍妮特是从她的经验中挑选出了与她目前的图式兴趣相匹配的那些事物。她用来描述绘画时使用的词汇也显示出与覆盖和容纳概念的联系。珍妮特的一些其他作品，也显示出了与她覆盖/容纳图式之间的关联。加德纳建议孩子们可以经常画画，并在他们所画的三个、四个或五个为一组的图画中探索特定的图式。珍妮特在同一天中做了一系列各种各样的覆盖和容纳标记，这些标记包含了所有覆盖和容纳的类型，她给它们取了不同的名字，并将这些名字告诉她见到的每一个人：

- 一棵树，"一棵很大很大的树"
- 一只蜗牛
- 一个脑袋
- 一只袜子
- 一条蛇

珍妮特像平时一样画画，她选择在一张纸上一层一层地涂颜色，然后将纸涂色好几次。幼儿教师会非常熟悉这些被颜料覆盖的画，由于涂了很多次以至于它们都湿得破洞了！有时，珍妮特会在她的绘画作品上面再放一张纸，并且说："我已经把它盖起来了。"她曾经用一张纸把自己的绘画作品覆盖起来，然后掀开并露出她拓印的画，说："我做了两个，一个给你，一个给P太太。我会再把它们放在一起。"这表明她对一一对应的关系的理解和运用，以及她将自己的绘画作品作为礼物赠予他人的态度。珍妮特有时会将她还没有晾干的画做成小礼物，然后将它们折叠成微小的"包裹"，尽管有时颜料仍然会从礼物的角落渗出，她还是很乐意将其赠送给那些感兴趣的成人。当儿童可以自由探索颜料的使用方法时，这种情况对于许多幼儿教师来说是很常见的。这是对容纳的另一种"解释"，是儿童向他人赠送特殊之物时一种孩子气的方式。

珍妮特将玩具车蘸上颜料，然后沿着纸移动它，先画了一条弧形，然后是一条几乎将弧形两端相连的直线。珍妮特在她自己创建的封闭图形中放置了三辆汽车，并说："停车场里有三辆汽车。"（图4.3）珍妮特自发进行的数学学习包括组织空间、使用数字、考虑大小、形状、比例和早期布局。在这个案例中，珍妮特组合使用了动作、图形和语音表征。

正如珍妮特学习与发展的案例所示，她似乎保持着对自己的作品进行"当场评述"（running commentary），并经常使用与覆盖和容纳概念相关的语言。在进一步的工作中，珍妮特还做了一

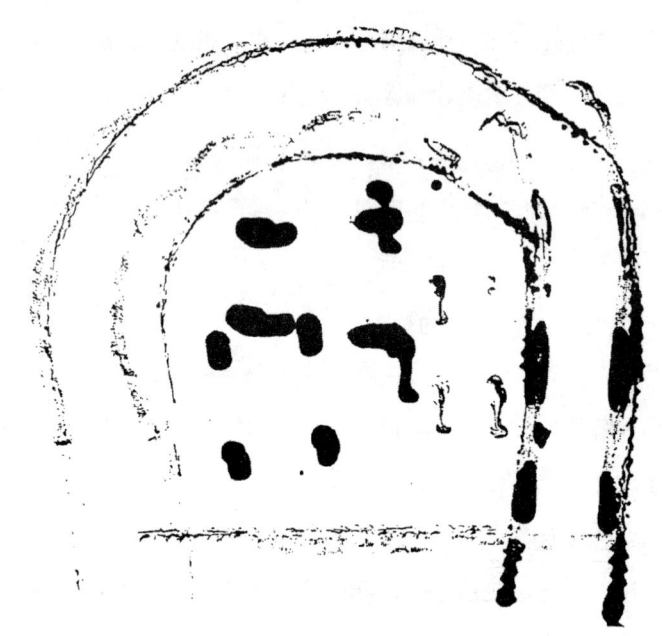

图 4.3 "停车场里有三辆汽车"

些标记,并用另一张卡片盖住它们,然后用大量胶带牢固地把它们粘在一起。当珍妮特明显对使用了足够多的胶带感到满意时,她举起卡片说:"看这里,所有的东西都被包起来了。"她的笑容表明自己对已经完成的工作感到快乐且满意。珍妮特对用来固定卡片的材料有了认知,她还坚持不懈地开发了一种技术,使她能够熟练地切割胶带,而不会让胶带粘在一起结成一个无用的黏性球,珍妮特相信材料具有自己的思想和意志!

珍妮特对覆盖东西的兴趣扩展到了她的三维立体作品当中。她用纸包裹着硬纸板,说它们是"聚会的饼干"。在这里珍妮特思维的模式是容纳,思维的内容(在这种情况下)是聚会饼干。

珍妮特用纸袋装满了各种物品，这些物品包括：绳子、乐高积木、小块闪亮的纸片、纽扣。她分别送给在幼儿园工作的每个成年人，并告诉他们说："这是给你的。"珍妮特在制作和赠送礼物的过程中进行着学习，这种学习是以"填充"和"倒空"两个概念的相互作用为基础的，并且还包含着一一对应的概念。珍妮特确信自己已经为每个成人都装了一个袋子后，她又把一些类似的小东西放进一个塑料容器中，装满并粘上盖子。她说："我帮助本制作礼物送给他的妈妈，我告诉他应该怎么做了。"（实际上，珍妮特只允许本看着她制作"礼物"，而不允许他对此做任何其他事情！）

后来，珍妮特在娃娃之家举办了一个化妆派对，又制作了更多的"礼物"。她从幼儿园里收集书籍和小玩具，并用纸包好作为礼物。这种制作和赠送礼物的意愿以及行为，对于珍妮特这个小女孩的情感发展而言至关重要，这与她对数学领域的经验（大小、合适、容积、重量、数量）学习一样重要。在很多情况下，珍妮特似乎都乐于为他人做一件礼物并赠送给他们。

专业教育者都知道，儿童对表面积、大小和容量这样基本数学概念的学习，是在他们与水、沙和黏土等天然材料的早期互动过程中自然获得的。这些自然材料是早期教育中必不可少的，经常被当作平衡幼儿园课程的重要组成部分，自然材料以及一系列的辅助设备，可以给儿童提供进行探索、发现、创造和发明的开放式资源。

珍妮特用海绵和水装满了一个水壶，这使得她获得了有关

第四章　行为的一致性图式

功能依赖的经验（Athey, 1990, p70）。珍妮特试图让一些塑料瓶站起来，但这些塑料瓶空荡荡的很不稳定，所以跌倒了。她困惑了一段时间，反复尝试使它们站起来，说道："哦！我知道为什么它们站不起来了，因为这里面没有水，是水使它们站起来的。"她推断瓶子能不能立起来，取决于它们是否装了水。

珍妮特已经建立了自己的"逻辑结构"，并且能够进行推理和阐明自己的思想（Piaget, 1972）。皮亚杰认为客观经验是个体认知结构发展的基本因素。他认为操作性的经验构成了动作，人们对这些动作的结果采取行动并从中汲取知识。也就是说，知识不是从物体本身获取的，而是从影响物体的行为当中获取的（Stendler-Lavatelli and Stendler, 1972）。

珍妮特用鹅卵石和湿沙填满了一个小碗。她告诉老师说："这是你的晚餐。"然后，她将"晚餐"埋在沙子里，说道："我必须把它放在炉子上烤，然后你才能拿出来吃掉。"几天前，幼儿园在花园里举行了一次有儿童父母和其他客人参加的烧烤派对，派对上人们将铝箔包裹的土豆放在烧烤炉上烤。珍妮特将"晚餐"埋进沙子里时，也许就是在借鉴这种经验。不同的烹饪方式和不同种类的食物，这些真实的生活经验是丰富课程内容的良好来源，可以滋养儿童的图式。

珍妮特用泥土填满了两个容器，然后宣布说"洗发水和爽身粉，这是一家商店。"她之后用几块牛皮纸包裹了几块泥土，然后将它们放在一个小盒子里，合上盖子。她说："我正在煮茶，今晚是惊喜茶之夜！"珍妮特在学习和思考中反复出现的基本思维模式（覆盖和容纳），在她玩泥土时以不同的方式表现了出来。

对珍妮特在某种水平上的游戏和行为进行反思，就可以发现，随着时间的推移，她感兴趣的事物会明显地从一种经验转变为另一种经验：娃娃之家游戏、绘画、玩水、玩沙子、玩泥土，为假想的聚会制作饼干，赠送礼物，玩烹饪游戏等。但是，如果我们关注这些游戏动作中所蕴含的潜在思维模式，就会发现珍妮特不但没有在游戏中不断转换，而且还系统地整合了与她的图式兴趣相匹配的经验。她从可用的材料、从事的活动和游戏机会中选择了一系列经验，这些经验被几乎不可见的思想线索联系在一起。艾希曾经讨论过转换和适应的概念：

> 如果我们只关注内容而忽略形式，那么将错误地得出这样的结论，即幼儿总是从一个主题跳到另一个主题，他们的行为缺乏系统性且充满了个人偏好……早期认知功能的研究领域之一是儿童如何自主探索事物的共同点。孩子们的确经常给一幅画起一个名字，然后又马上改主意更换成另一个名字，这是事实，但更多时候这种思维内容差异的背后存在着一种共同的思维形式。（Athey, 1990, p83）

珍妮特将自己置于某个空间当中，并把这个空间覆盖起来，用各种材料把较小的空间填满。就基本的动机而言，这种覆盖和容纳的图式是她正在学习的数学概念的内在结构，这些概念包括大小、位置、容量、形状、数量和空间。当她遇到（或她为自己创造）相似和具有挑战性的情况时，这些早期经验就为她进一步发展这些想法奠定了基础。珍妮特所做的许多工作都是自动自发的，并且似乎涉及了重要的学习步骤。在课程实施过程中（无论当前官方的要求是什么），我们必须使儿童能够以这种方式与他的老师和其他专业的早期幼儿教育者进行互动，从而促进他们学习知识并支持他们的行动和探索。国家资助的学前教育必须遵守官方的课程要求，这些要求是对其进行检查、资助、评估和问责的基础。但是，这些要求仅能代表一种早期学习的基本形式，而不能替代儿童发展所需要的高水平专业知识，要在此基础上设计出匹配度高的课程，从而创造出有效的、能够不断微调的方式来挑战和支持幼儿的探索和思考。

珍妮特的探索似乎是系统性的，形成了一个有凝聚力、精心计划和相互关联的整体。这就需要我们重新思考这样的观念，即4岁儿童能够集中注意力的时间短暂，并且自己做出选择的能力有限。珍妮特可以从广泛的经验中进行选择，扩展自己的思维，并与挑战、扩展和支持她学习的成人进行深入合作。珍妮特的图画表征、动作、语言和思维围绕着一个共同的目的，并因此互相结合在一起。珍妮特在幼儿园探索自己感兴趣事物的机会取决于幼儿园的结构和课程，也取决于她的老师和其他幼儿园工作人员的角色定位和教育技能。

斯图尔特：动态旋转图式

斯图尔特在 3 岁那年就开始了幼儿园生活。他和他的母亲、祖母，以及两个月大的妹妹生活在一起，他们住在距离幼儿园步行 10 分钟的公寓里。

斯图尔特对圆形的物体和运动感兴趣，这符合艾希（1990, p69）的分类，艾希认为儿童具有四种表征类型：图形表征（标记或模型）、动作表征（运动）、言语表达和功能依赖关系。"在早期教育中，当儿童观察到动作对物体或物质的影响时，功能依赖关系就明确了。例如，蜡的融化在功能上是取决于热量的。"艾希还进一步指出，在数学和科学领域当中，有许多基于旋转的功能依赖关系：

> 在尼基（4 岁 3 个月）列出的旋转的物体例子中，我们可以清楚地看到，在开始义务教育之前，没必要延迟引入齿轮、砂轮、水车、食物搅拌机、土地测量带等在儿童生活中常见的经验。（1990, p195）

通过对那些简单的因果关系进行思考，有时会帮助儿童更好地理解概念（尽管从学术角度来看可能不够精确）。这意味着上述案例可以解释为：热量（原因）使蜡融化（效果）；但是，出于准确性和一致性的考虑，我们在这里将统一使用功能依赖这个术语。

以不同水平的动态旋转图式来工作时，斯图尔特经常一起使用两种表征形式。在这里，我们将根据斯图尔特的表征形式（言语和图形、动作和言语，以及功能依赖关系）来对观察结果进行讨论。我们将对这三种表征形式进行成对的讨论，因为斯图尔特与许多3岁儿童一样，经常一次性完成一件以上事情（因此同时出现不同形式的表征也就不足为奇了）。斯图尔特很少独自一人或与他人一起进行安静的游戏，他看起来总是在对他的思维和行为进行说明。他需要一边行动一边对自己所做的事情进行描述，因此，这对于我们解释他的行为和理解他的图式很有帮助！

旋转图式中的言语和图形表征

斯图尔特在进入幼儿园之前几乎没有使用笔和纸的经验。在3岁生日后的几个月里做标记，是他第一次使用纸和笔。斯图尔特（3岁2个月）的一些早期标记显示出，圆周运动在他的图形表征中占据主导地位。斯图尔特画的许多图看起来都与图4.4中的示例相似，他将这幅画称为拖拉机的轮子。另外三个与此类似的表征分别被他命名为圣诞老人、有轮子的汽车，以及蛇。这样的例子说明他开始通过言语和图形的方式来对动态旋转图式进行早期的简单表征。

怀疑论者很可能会认为儿童之所以做圆形标记是因为纸是圆的，会提示形状。但是，当斯图尔特使用各种不同尺寸和形状的纸张进行绘画时，他在所有纸张上都做了圆形标记，并将

图 4.4 "拖拉机的轮子"

它称为蛇。一些儿童会沿着纸张的边界进行绘画（那是另一种图式），但是儿童喜欢画与他们图式有关的事物。只有选择的纸张形状符合儿童的关注点和兴趣时，儿童才可能会受到纸张形状的影响。

斯图尔特（3岁3个月）从各种形状和图案不同的绘画工具中选择了一些圆形。他用它们绘制了许多圆形标记，然后用画笔在纸上围绕着圆形画了大量的旋转曲线。他简单地说道："画圈圈。"后来，他把画的这些圆形标记称为妈妈、爸爸、戴维、斯图尔特、自行车。

斯图尔特正处于使用语言标记事物的阶段，因此，孤立的单词在这个语言发展阶段比短语或句子更具代表性。有趣的是，他使用了适当的词汇，通过言语来表征自己的图式。有可能是与斯图尔特一起工作的某个成人，用画圈这个单词来描述他绘画时的行为，于是斯图尔特选择重复去说这个词。如果成人在与儿童一起工作时使用适当的描述性语言，无论是形式上还是内容上的描述，那么儿童就有机会从这种动作和语言的"匹配"中获取含义。

旋转图式中的行为和言语表征

当斯图尔特转动一台古色古香的手动缝纫机（没有安装针！）的手柄时，行为和语言的表征就被组合了起来。他说："转圈圈。"他为一个有发条装置的钟上好发条，然后说："转啊转。"他把汽车放在一个玩具车库的倾斜坡道上，说道："看，这是圆的，看轮子在转。"他转动一个圆柱状的旋转拼图说："它转了，看！"

斯图尔特似乎对自己行为所产生的力量很感兴趣。他全神贯注地沉浸在发现自己可以让什么事情发生，让事物如何表现。与斯图尔特合作的成人在这里扮演着扩展的角色：这需要成人具有创造性、敏捷的思维，以及对课程的全面了解。当斯图尔特使用手动缝纫机时，老师与他就此进行了交谈：

斯图尔特：他在转啊转。
老师：是的，它在转动，它在旋转。
斯图尔特：我让它停下来，再让它转。

在这里很明显，斯图尔特知道他有能力控制这台机器。他依靠自己的探索弄清楚了它是如何工作的，以及如何才能使部件转动起来。在这个案例中，儿童的主要兴趣是功能依赖关系。轮子的转动和机器另一部分的垂直运动在功能上取决于斯图尔特转动的机器手柄。

成人可以通过识别、理解、支持和扩展儿童思维的方式，在扩展和发展儿童的学习方面发挥关键作用。斯图尔特（3岁3个月）花了10分钟的时间来转一个旋转模型，这个模型的一端是一个小人偶，另一端是一个等重的用以保持平衡的球体，老师与他的互动也巧妙地进行了调整：

斯图尔特：看，看！转了，在转圈。
老师：它在旋转（用手做出旋转的手势）。
斯图尔特："转一圈，转啊转，看，看！转动，旋转，转动。"

斯图尔特对此感到非常兴奋，他也做出与老师相似的旋转手势。这位教师通过回应斯图尔特的话证明了她对斯图尔特兴趣的关切，并进行相应的答复，而且教师用不同的词汇来描述模型的运动以便扩展斯图尔特的词汇量，还借助一个手势（另一种动作表征）来补充这个词的意义。为儿童提供适合他们行为的词汇并不是什么新颖的做法——泰特和罗伯茨（Tait and Roberts, 1974）曾经讨论过"反馈"的技巧。在这个案例中，该技巧被扩展为引入一个新词汇并使它变成儿童的积极词汇，在保证儿童了解该词意义的基础上扩展他们的词汇量。在其他情况下,教师会针对斯图尔特的行为来进行"反馈",他们一边观察一边用言语表征斯图尔特的行为。在外面的坡道上,斯图尔特停了下来,转了一整圈,然后看着老师。老师说:"你走了上去,而且向右转了。"斯图尔特回应道:"向右转。"

这种概念和理解力发展的关键可能是儿童的图式。当一辆路虎汽车驶入幼儿园的花园时,斯图尔特发现了它,并立即凑上去近距离观察。他发现自己的身高还不及车的大轮子高(因此在适当的高度上可以对其进行详细检查)。他兴奋地说道:"看,大轮子,看!"通过对旋转(和偶然发现)事物的兴趣,斯图尔特的观察能力得到了提高。

功能依赖关系

斯图尔特正在和他的老师谈论圆形物体。老师正在引导他注意环境中的不同事物,无论是圆形的还是其他的东西:

老师:这道栅栏有上下排列着的木头,这辆卡车有可以转动的轮子。

斯图尔特:就像这样(用手做出一个转动的手势)。

老师:是的!就像这样。

斯图尔特:转,转,转。

老师:它们沿着地面走的时候会转动。

斯图尔特:转动,前进,我喜欢。

成人可以通过这样的对话进一步扩展儿童的图式。斯图尔特显然对此很感兴趣。教师在介绍转动的概念时,将它与前进的概念联系起来,这可能会为将来的学习奠定基础。儿童长大一些时,老师可以继续与其一起探究圆周和土地测量的技术。与这一课程相关的问题将在第三部分中进行讨论。

功能依赖关系可以通过不同的方式得以加强。例如,许多简单的歌曲有助于支持儿童的这种理解。斯图尔特在转动缝纫机的把手时,老师哼唱着(用的是《我们在这里绕着桑树丛走》的曲子):

> 缝纫机转啊转,
> 一圈又一圈,
> 缝纫机转啊转,
> 斯图尔特让手柄转啊转。

斯图尔特能够通过观察幼儿园环境中发生的事来识别功能依赖关系。他看到木匠进行维修时在幼儿园的一扇门上钻了一个洞。后来,他就用一些乐高积木"钻孔",并在门口进行了"修理工作"。他解释说:"转啊转啊转,滋滋滋地转着钻了个洞,看!"

斯图尔特画了一张画来表征这种经验,他先画了一条垂直线,然后画了一个圆形的标记。他说:"那是一个坐在椅子上的人,正在把它钻进去。"当他说钻进去的时候,斯图尔特所做的手势就像是拿着钻头钻洞。斯图尔特在木工工作台上发现了一种与之前木匠用的类似的工具，他对此表现出了兴趣。手摇曲柄钻已经被教师添加到常用的木工工具中，以扩展儿童的旋转体验以及随之而来的钻孔工作。有了现实生活中的经验之后，斯图尔特花了相当多的时间使用这种木工工具，这是他在表征和重复这一过程。

在早期教育环境中，我们要尽可能地为儿童提供各种设备，儿童可以凭借自身的自信、技巧、能力和想象力来进行操作。使用具有实际功能的家用设备和可以自己动手操作的工具，可以为儿童提供多种扩展思考和理解的机会。

我们可以从加里、珍妮特和斯图尔特的案例中学到什么？

对加里、珍妮特和斯图尔特的案例进行总结，我们可以发现，这些儿童是如何思考和学习的，他们分别处于身体、认知和情感发展的不同阶段，思维和学习方式也各不相同。

通过了解这些儿童的经历，我们发现具体且实际的经验（预先计划的和过程中生成的）可以促进儿童对自己想法的探索——既奇妙又真实。加里（扎破的轮胎、装饰物和蜘蛛网）的现实生活经验对其发展的重要性不言而喻。珍妮特在修建雪屋时的合作和坚持，说明了兴趣如何在户外环境中延伸和发展，如何利用自然发生的事件和对儿童兴趣的了解来建构具有针对性和动态性的课程。斯图尔特与老师的交流更加强调了用相互关联并且经过微调的成人语言对发展儿童日常专注力的重要性。

加里、珍妮特和斯图尔特有时会独立工作,在其他场合下也会与经验丰富且具有支持性的成人和谐共处。显然,这种潜在的学习活动"适合"儿童的兴趣(Athey, 2007)。

本章重点介绍了儿童的学习过程,这些过程可以源于开放式的充满活力的课程。在这些课程中,儿童在精心计划、不断微调和准备充分的环境中工作,并且与经过适当训练、具有干预技巧与干预兴趣、理解且能熟练使用儿童学习理论的成人一起活动。在后面的章节中,我们将探讨这些问题。

? 思考问题与实践

1. 回忆并思考所处环境中的儿童。他们是否显示出一些主导的图式?分别是什么?教职员工作为一个整体,应该如何协作和分享对单个儿童的观察结果,从而识别其持久的图式?

2. 我们可以提供哪些其他的经验来支持儿童的垂直、旋转和容纳图式?

3. 对儿童进行长期、持续的观察可以洞悉他们正在发展着的图式和关注点。这些观察结果在儿童的学习记录和长期课程计划中可以发挥什么作用?

4. 对儿童图式的理解如何为教育教学提供指导?

5. 如何在次日继续拓展儿童前一天的想法和行为,为其学习和发展提供支持?

6. "不随波逐流"的概念将如何帮助你理解儿童的学习和发展?

拓展阅读

Arnold, C. (2010) *Understanding Schemas and Emotion in Early Childhood*. London: Sage.

Athey, C. (2007) *Extending Thought in Young Children: A Parent-Teacher Partnership* (2nd edn). London: Sage. [Especially Part 2, 'The Findings of the Froebel Early Education Project'.]

Meade, A. and Cubey, P. (2008) *Thinking Children: Learning about Schemas* (2nd edn). Buckingham: Open University Press.

扫码免费收听
《让孩子像爱玩游戏一样爱上学习》
巧用"游戏设计三要素"激发孩子的学习热情

第三部分

图式与幼儿的认知发展

PART III

在接下来的三章，我们将考察和讨论儿童对于概念的早期探索，这些探索是数学和科学发展的根源，也是儿童的读写学习模式以及运用故事扩展儿童知识和思维的基础。

之所以选择这些主题，是因为对幼儿游戏的观察表明，通过观察儿童所得到的启发，可以让我们对他们的数学和科学思维有更多了解。近年来，对规定的读写教学的关注已经成为语言学习和言语交流的主要内容。在20世纪90年代，故事在教室中成为濒临消失的事物，它们注注被条分缕析，误被用作教学的工具。故事的有用之处仅在于辨认它们的语音组合、明白标点符号的使用原理、语法元素，但这却使故事丧失了它们的魅力，抛弃了故事的顺畅性和完整性。

在本部分的三章中，贯穿着三个主题：第一，如何通过儿童的思维模式与课程内容之间的"匹配"来丰富他们的学习；其次，成人在这种匹配性学习中的重要作用是什么，他们应该如何反思和评估儿童的学习；第三，游戏是儿童的权利，在儿童学习过程中游戏有合理且必要的地位，其重要性是如何体现的。

第五章

儿童数学和科学认知的发展

Children's developing
understanding of
mathematical and
scientific ideas

幼儿在追求特定的行为模式和兴趣时，是可以并确实是在学习的。接受这一观点还需要进一步的研究。也就是说，我们要考虑这种模式（或图式）是如何构成儿童不断增长的知识和理解的基础的。本章主要介绍了20世纪80年代中期在某个幼儿园进行的一项研究，该研究在一个学年当中对40名3至5岁的儿童进行了观察。这种开放式观察的方法类似于艾萨克斯20世纪20年代中期在麦芽屋学校对儿童进行观察时所采用的方法（Isaacs, 1930, 1933），这种方法忠实地记录了儿童的所作所为，以供之后分析和思考。在教育教学方法与儿童的一贯思维方式相吻合的情况下，本章也包括其他最近的观察结果以说明早期学习的广度。此处提出的观察和思考表明，儿童对特定图式的追求是如何引起其探索某些特定观念和理解的。我自己对观察结果的反思，让我发现了孩子们正在探索的一系列想法。这里有许多例子能够说明儿童有追求数学和科学根源的兴趣。

对观察结果进行仔细的检视，我们可以发现儿童在活动中有着丰富多样的思想探究。其中包括：容量、网格、空间顺序、大小、形状、高度、角度、周长、圆周、数、分类、时间、匹配、量、位置、估算、转换、加法、长度、平衡、距离、对称、自然物的特性、原因、效果和功能关系、离心力、旋转、颜色、磁力、重力、抛物线、自然科学、变化和速度。

通过对这些观察结果的分析，我们发现了三种主要的图式：动态垂直图式、动态旋转图式和覆盖/容纳图式。通过对观察结果的详细分析，我们归纳概括出两个方面：

- ◆ 在每种图式中，似乎都会出现一个占主导地位的概念。
- ◆ 当儿童对所有的三种图式进行探索时，他们明确了一些概念。

在对观察结果进行解释的过程中，我们提出了三个主要问题。本章将根据观察的结果来讨论这些问题。

幼儿在探索特定图式时，某些概念是否占据主导地位？

通过对儿童的活动进行观察，我们发现三种图式都揭示了独特的、从某种意义上来说顺理成章的系列概念：

- 当儿童探究有关高度的概念，进行与高度有关的活动时，动态垂直图式表现得非常明显。
- 当儿童探究有关转动和旋转的概念时，动态旋转图式表现得非常明显。
- 当儿童观察到与容积有关的概念时，覆盖/容纳图式表现得非常明显。

接下来，我们将通过列举儿童活动的例子来说明这三种简单的概念。

动态垂直图式和与高度有关的概念

> 艾米通过一次又一次重复地滑滑梯和上下台阶来体验高度的变化。她说："我上到那儿，再往上。"她的言语中包含着高度不断增加的概念，并且这与她的动作是一致的。
>
> 琳达把许多砖形积木一块接一块地摞起来。她说："这是一把剑，我还需要更多的积木才能让它更好。"琳达知道她可以通过摞起更多的积木来增加建构物体的高度，并可以在她的脑海中完善它。
>
> 当露西说"梯子是用来往上走的"时，她认为梯子是增加高度的有用辅助工具。

> 罗素想看看窗外，于是他将一块砖形积木放在另一块上，他站在垒起的积木上说："我现在可以看见了，我站在这上面。"他利用自己的思考和技能建造了这个台阶式的建构物，从而增加自己的高度。

罗素使用砖形积木的这个案例说明儿童自己动手做事而不是被告知或仅仅听成人解释的重要性。正如皮亚杰（1953）所强调的那样，实践经验对于儿童来说非常重要，因为他们可以在行动中发展自己的思维，并以言语的形式将理解的知识表达出来。

> 威廉在假装上楼梯，他抬起脚仿佛正在登上假想的楼梯。他说："上楼梯，上楼梯，"然后他又假装走下楼梯，说，"下楼梯，下楼梯。"就在同一个月里，威廉又试图爬上一个两英尺高的立方体顶部，这个立方体是堆放在一个支架台上的。对于威廉来说，这太高了，他爬不上去。威廉先拿了一个凳子，然后又拿了一块大的砖形积木，他成功地利用它们爬上了立方体顶部。他说："这里有两个台阶，一个大台阶和一个小台阶。"

威廉为我们描绘了一幅关于理解大小和高度增加的认知图景，这意味着他最终可以自己解决遇到的问题。对于威廉来说，语言似乎是想象的必要组成部分。通过多样且频繁的开放性体验，让儿童参与创造，寻求解决问题的方法，可以促进儿童思维和问题解决策略的发展。专业教育工作者的责任就是为儿童提供机会并与儿童一起工作，儿童将在受到支持、挑战和鼓励的情境下，解决自己所遇到的问题。

动态旋转图式和旋转相关概念的发展

> 弗朗西斯对旋转表现出了相当大的兴趣。她似乎对滚动的物体以及旧唱片机旋转的转盘兴趣盎然。她选择了两只大象模型，一只大一只小，然后把它们放在转盘上。弗朗西斯转动转盘，然后说："小象正在追着爸爸。"然后笑着说："爸爸也在追着宝宝！"

当弗朗西斯描述她的观察时，我们发现她已经把旋转和旋转动作的含义概念化了。查普曼和富特（Chapman & Foot, 1976）认为，婴儿期的幽默方式主要表现为，儿童对自己了解的事物感到开心。他们说，幽默与认知有关。弗朗西斯对"圆"有某种感觉，知道圆没有真正的结束点或开端，正是因为她理解了这一点，才会觉得好玩。艾希（2007）论述了"学习过程的最后部分,通常不是学校教育的结果,而是孩子们可以从知识中获得乐趣"(p193)。艾希的论述让我们想到了楚科夫斯基的著述,他谈到游戏性是"当儿童对真理如此确信,甚至他们可以以此为乐。"(Chukovsky, 1966, p103)

弗朗西斯的老师认为,弗朗西斯的图式兴趣很明显,于是就开展了各种支持她图式兴趣和扩展她学习范围的活动。有一次,弗朗西斯和另外两个孩子参加了帮忙制作南瓜汤的活动,用到的设备和工具包括金属手动开罐器、胡椒和盐的研磨器,以及一台电动榨汁机。

弗朗西斯对电动榨汁机非常着迷,她观察道:"它的旋转速度越来越快,使大块的东西变得很小。"她用与旋转相关的语言来描述所看到的活动过程,其中包括两个重要的基本概念:变化和大小。她仔细研究了胡椒和盐的研磨器,似乎很高兴发现了它们的工作原理。研磨器提供了更多的旋转经验、因果关系和功能关系。弗朗西斯小心翼翼地转动开罐器的手柄,并指出:"如果你转动这个手柄,这个罐子也会跟着转动;如果你继续转,盖子就会掉下来。"

通过对旋转的兴趣,弗朗西斯努力研究因果关系的原理,了解了导致事情发生的原因。此外,她还能够使用语言表达自己的见解和思想。她在谈话中加入了与旋转有关的词汇,使言语与自己所见的事物相匹配,并做出了一些精确的观察性评论。除了熟练地使用厨房工具并了解其工作原理外,弗朗西斯还记得要经常搅拌南瓜汤,观察因为搅拌而带起来的旋转模式。为某个冬季聚会制作南瓜汤的任务是一项真正的工作，成人为此选择了合适的设备和工具来扩展儿童相关的学习机会。

在老师的支持下，弗朗西斯在做汤的整整一个小时内都表现出浓厚的兴趣。与她一起开始活动的另外两个孩子很快就失去了兴趣，离开去做别的事情；其他孩子来来往往，但弗朗西斯一直参与其中，表现出活跃的兴趣，直到汤煮好。这段描述突出了专业从业人员的重要性，他们要有足够的时间和信息，以便能够通过与个别儿童的微妙互动，对儿童的学习机会给予一对一的密切关注。

为什么弗朗西斯能够坚持那么长的时间来制作汤？是不是因为儿童的图式与手头任务之间的匹配延长了儿童的专注时间？关于幼儿只能在短时间内集中注意力和坚持不懈的观点已经争论了一段时间。幼儿一次又一次地证明自己有足够的毅力持久地保持专注，只要他们所从事的工作符合自己的兴趣。

同一幼儿园中的其他儿童也对旋转感兴趣：

> 大卫花了15分钟时间转动一架小型玩具直升机上的叶片。
>
> 加里在转动一个未连接的水龙头上的手柄，后来他发现了一个旋转玩具，就开始询问和探究其工作原理。他花了很长时间来转动这个玩具，并研究它是如

何转起来的。

盖伊在画一台洗衣机的画时,表现出了对旋转的兴趣。他说:"衣服转啊转,就变得干净了。"盖伊在家里所获得的技术体验使他能够以一种创造性的媒介,以及适当的语言来增加和表现自己对旋转的理解。

约翰对事物的运作方式很感兴趣。他在整理一堆金属物品时发现了一枚螺丝钉。约翰把螺丝钉拿给老师说:"这是一个螺丝钉。"老师问他是否知道这是干什么的,约翰回答说"螺丝刀",并用手做出拧螺丝钉的手势,就像拿着一把螺丝刀一样。约翰结合了自己对用什么可以做什么的认识(一对一的对应关系)和功能(螺丝刀能够使螺丝钉钻进木头里),这也许是因为他对寻找旋转的事物感兴趣。约翰发现了一个黄铜的水龙头:他旋转螺母的一端直到螺母脱落为止,然后他又转动了把手。通过这些动作,约翰获得了更多有关旋转及其对物体影响的反馈和信息。

盖伊发现了三个木制的圆圈,他说:"哦!更多的圆圈!"通过这样的行为,我们可以看出他已经可以识别形状,并将其归为一组。他使用表示增加的词汇"更多",来表示他的发现。盖伊后来又发现了一个小轮子,他说:"这里还有另一个轮子,我已经有这些了,这是一个,那是另一个。"盖伊在收集圆形物品的过程中发展有关增加的概念，并使用了一系列的数学术语。

这些观察结果说明，在早期教育中为看似偶然发生的数学概念创造机会的重要性，教师可以为儿童创造一些通过他们自己发现的事物和所提出的问题而理解数学概念的机会。马修斯（Matthews，1984）在讨论幼儿数学概念的发展时，认为他们在自发的活动中使用"更多""不够""更大"与"适合"等数学术语是促进其数学概念发展的最佳方法。正如我们已经多次指出的，"发现"通常能比"被告知"带来更有意义的学习。但是，我们仍然需要提醒大家注意这一事实，因为它并不可能像我们所想的那样容易被运用于官方课程建设，甚至有时为了有利于预设课程的知识传播，儿童自己发现的机会被搁置了。事实上，幼儿必须通过观察到轮子的转动和滚动，才能理解并"重塑自己的轮子"。

覆盖和容纳图式与幼儿容积认知的发展

> 亚当用沙子和水填充或者覆盖住物体和容器。
>
> 弗朗西斯用水装满瓶子，然后把水从小瓶子倒入更大的瓶子里。就是这样，她体验着物体大小和容积之间的关系。
>
> 凯莉自己制作了的纸质容器，并且将沙子、细绳和干意大利面等所有在幼儿园里能找到的东西裹在纸包中，以此来创造自己关于体积的体验。

> 在娃娃之家里，露露将盘子、碟子和杯子分类放进抽屉里。她不仅将这些物体放在一个空间中（从而获得了容积方面的经验），而且还对这些物体进行了分类。后来，她在容器中放置了一些小的塑料插片，这一简单操作增加了她对容器、容纳的体验，并且进一步扩展了容积的概念。

关于儿童测量观念的萌芽，道林（Dowling, 1988, p46）指出：

> 为了使幼儿学习如何准确测量，他们就需要一系列有关判断数量的经验来做准备……这需要儿童通过操作材料并彼此交谈来实现，例如他们比较谁喝了多少牛奶或谁收集了更大的石头。孩子们需要判断他们需要多少纸张或材料才能覆盖住一个物体的表面，教师可以在这个阶段加入进来，询问儿童他们所需材料的量是不是太大了或太小了。

本书所提到的许多观察结果都表明：儿童是通过使用各种材料来容纳物体或封闭空间（通过覆盖或包围）来探索关于容积和体积的概念的。儿童使用诸如沙子、水和黏土等自然材料、建筑工具，通过娃娃之家和富有想象力的游戏道具来发展其有关包容和容积的概念。

> 盖伊发现了一个张着大嘴的玩具怪兽，于是他开始往里面填装小块的乐高积木。通过这些他很容易找到东西，盖伊得以继续探究引起他兴趣的事物。

艾希（2007）指出，儿童可以使用他们能够找到的任何东西来扩展图式。"只要儿童在早期教育中拥有充分的物质材料和选择的自由，那么有意识的观察者就会发现他们明显表现出来的图式行为。"（p187）在这种情况下，就不可避免地涉及为儿童提供适宜课程内容的问题。我们将在第八章继续讨论这些问题。

上述观察表明：儿童需要开放的探索和创造机会，而在早期环境和家庭中，有些儿童往往得不到足够的机会。詹金森（Jenkinson）论述了游戏在儿童成长中的关键作用，他还探讨了教师如何在给幼儿布置作业和为儿童腾出时间玩耍之间做好平衡，因为玩耍时间对儿童来说是很重要的。詹金森写道：

> 我在伦敦工作的一位教师同行非常担心她所带的班级儿童缺乏游戏的能力，于是她给孩子们布置家庭作业，让他们回家建立一个秘密活动的场所。孩子们回家后宣布说："吉恩太太说我们必须有一个秘密活动的场所。"他们的家长都惊讶万分。孩子们把垫子从床上掀起来，把椅子和桌子放倒，把床单撑开，搭建了一个个秘密小空间。孩子们

玩得很开心，结果使他们的工作变得更加活跃。尽管孩子们热切地重复着他们的经验，但是在活动之后都很快地恢复了秩序。

有一个书房因其独创性和魅力而值得特别一提，它建在一个小花园里。一个充满启发而又慷慨的成人给了孩子们一条白色鱼尾婚纱裙，让他们进行游戏。孩子们用衣服夹子将白色薄纱裙悬挂在晾衣绳和灌木丛之间，在缎布下爬来爬去，在自己建的异国风情的亭子里，在白色的蕾丝花边屋顶下秘密地游戏。（Jenkinson, 2001, pp. 137-138）

儿童设立秘密据点是一个很好的例子，说明孩子们是如何创造性地容纳和包围自己的。

唐卡斯特的"大胆发现"项目为儿童提供了许多机会，使他们可以通过与艺术家和相关从业者一起工作的创造性经验来进行学习。

有一次，艺术家莫亚给孩子们带来一个大的纸板箱，纸板箱带着盖子，里面有各种各样的编织物：长短不一的薄纱、粗麻布、织网以及较小的织物和小布头。其中两个孩子霍利和乔（年龄在2岁6个月至3岁5个月之间）径直走过去，将很多袋子里的废布料

> 拉起来覆盖住纸箱,还将里面的东西拉出来。他们正在帮助莫亚用织物盖住这个大箱子。霍利选择将网罩放在箱子的顶部。乔说他们正在设计一个秘密的区域,他掏出一条长长的棕色皮毛织物说:"我有一条围巾。"霍利正在指导莫亚大块的织物可以做什么:"把它盖在上面。"霍利和乔都对应该发生的事情有明确的想法:"把它塞进去。"霍利说着,把材料塞进箱子里。然后他们进入这个秘密区域,并藏在箱子里开始玩捉迷藏游戏:"1、2、3,准备好了没有……"霍利和乔藏在这个小窝里。"我看不见,因为里面很黑""我一会去拿一个手电筒"。

这种开放式体验让儿童使用和探索一个大箱子里面和外面的材料,使儿童有机会创造性地探索空间和表面积,同时发展他们的想象力,从而让他们学会解决问题、相互合作、彼此交流和制定计划。

儿童在探索特定图式时,还会探索哪些其他概念?

对 40 名儿童的观察结果表明,除了探索我们已经讨论过的那些概念外,随着儿童对特定图式的探索,他们还会遇到其他的概念和想法。

儿童在探索动态垂直图式时所产生的特殊经验

当一些儿童在探索与高度相关的概念时，他们会面临一些挑战，战胜这些挑战可以使他们对长度、平衡、距离和对称性的概念理解得更加深刻。只有在儿童对垂直和直线图式表现出浓厚的兴趣时，我们才能观察到这些经验。

> 亚当在幼儿园活动室桌子之间的地板上，将一些建构材料的构件首尾相连，摆成一条长长的直线。在这个过程中，亚当探索运用着长度和空间的概念。他知道自己可以通过增加更多的构件来增加长度，并且他还能够把自己摆的这条长长的线与地板的长度进行比较。
>
> 戴维和索尔使用攀爬架爬上滑梯，然后转身跑下来，接着他们又沿着台阶登上滑梯，然后再沿着滑梯滑下来。这样的活动不仅锻炼了这些孩子的身体，也让他们体验到什么是运动的不对称。
>
> 格里走到院子里斜坡的最高处，然后驾驶着玩具卡车下了斜坡。这种基础运动水平的经验为儿童理解与体验相等距离和比较速度提供了机会，因为格里每

> 次行进的距离相同，但走上斜坡要比驾驶玩具汽车下坡花费更长的时间。当格里从平台的一端爬到另一端，然后再沿着外围跑回来时，也发生了类似的情况，这也使他体验了相等距离和速度差异。

这类活动可以为幼儿理解数学和科学概念奠定个体化的经验基础。我们需要强调并认识到这类体验的重要性，并认识到它们对挖掘儿童学习潜力的重要作用，但是户外游戏和身体活动，比如跑步、爬山、爬行和骑自行车等，却并未像它们经常被认为的那样成为幼儿数学和科学学习的经验来源。如果成人没有观察与他们一起工作的儿童，并且从幼儿的学习方式方面理解这些观察结果，那么儿童的活动及其思维的细节就有可能会丢失。正如道林（1988）所指出的：

> 幼儿园可以为幼儿的数学思维发展提供温床。我们可以为此探索一系列潜在的有益活动，但与幼儿其他方面的发展一样，这些线索提示必须主要源自儿童，它们需要被成人观察到，然后由教师进一步利用和发展。（p45）

产生于动态旋转图式的特殊经验

除了探索旋转的概念之外，我们还发现了指向动态旋转图式的活动，这些活动引发了儿童探索转换和变化的相关经验。

> 科林在娃娃之家里选择了杯子、碗碟、水罐和盘子，然后系统地将每个器皿倒过来放在桌子上，从而使这些物件发生了变化，呈现出不同的形态。科林看着自己的操作，注意到这些变化是他将每个物体旋转180度后所产生的。

弗朗西斯制作南瓜汤的例子（本章前面所提到的内容）为我们提供了另外一个儿童使用数学和科学语言的案例。当提到榨汁机对食物产生的作用时，弗朗西斯说："它转得越来越快，把大块的东西变小了。"她对"更快"这个词理解得非常清楚，也理解榨汁机的旋转速度会对食物的大小和稠度产生影响。

产生于覆盖/容纳图式的特殊经验

我们已经讨论过儿童通过探索覆盖/容纳图式而产生的有关容积的概念。丰富的经验可以支持儿童思维进一步发展。诸如角、角度、方位、估计、空间和位置等概念，也可以通过儿童对覆盖/容纳图式的探索来获得和发展。

> 弗朗西斯在娃娃之家玩的时候，使用了"角落"这个术语，并且将不同的家具放置在房间的所有角落空间中。弗朗西斯的所作所为表明她理解自己所说的话。
>
> 露西在一个活动区里坐着，然后她把一个娃娃浴盆放在了娃娃之家的一个角落里。当儿童与其所处的环境互动，并操作他们所处环境中的材料时，就体验到了"角"，这种处于一定位置的物理体验，使他们以后可以理解更多关于"角"和"角度"的抽象概念。
>
> 塞伯把一个玩具埋在沙子里，说"它在这边"，这句话给了另一个孩子线索，使他了解到在哪里可以找到这个玩具。塞伯明显知道"另一边"的存在，于是他运用自己对位置和透视的理解创造了一个线索。

对这些儿童的观察表明，有关周长和面积的思维的萌芽，与儿童对图形的表征密切相关。露露和露西这两个孩子都用颜料来封闭空间，她们沿着纸的边缘涂上颜色。同样的，琳达用丝带来给一张卡片进行镶边。看来，数学永远与幼儿的行为密切联系在一起。丰塔纳（Fontana, 1984）认为：数学存在于儿童拼贴材料的选择、玩娃娃之家游戏、讲故事，以及音乐活动中。数学概念不仅存在于儿童对材料的选择上，而且还表现在他们运用材料的方式上。儿童使用材料的方式会影响他们对所学内容的学习潜力。

> 弗朗西斯在试图盖房子的过程中，表现出了估计的能力。弗朗西斯正在努力地用大块的积木盖房子，在这个过程中，她看着自己正在盖的房子和剩余的积木，说："没有更多的积木来盖房子了，没有足够的积木了。"

弗朗西斯没有数过积木，但她可以发现剩余的积木是不足以完成盖房子的任务的。早期游戏对儿童未来的数学发展至关重要（Hodgkin, 1985; Lee and Ginsburg, 2007），福禄贝尔的积木游戏方案（Gura, 1992）强调了积木游戏在儿童数学和科学概念发展中的重要作用。但是经验的广度和深度才是基础，我们应该为儿童提供可以扩展数学和科学思维的机会。

> 盖伊在玩一个操作性的玩具，要将圆柱体安装到孔洞当中。他一遍数着"1、2、3、4"，一边在每个孔洞中放进一个圆柱。盖伊运用了有关数字、数字语言

和一对一的对应关系等知识来完成他自己选择的任务。

苏珊正在包包裹。当她说到"我将会在包裹中放一个大的和两个小的"时,她对大小、分类和数字的理解就显而易见了。

索尔查看了一些建筑计划的图纸,并要求另一个孩子"像这样建造一所房子",这就明显表现出了他具有匹配的技能。

学会使用如"像这个一样"的语言,表明儿童对比较、相似和差异等数学方面的理解正在发展。

露西通过富有想象力的游戏和建构游戏来探索她的覆盖/容纳图式。她用大积木盖了一所房子,房子没有打开的门,她反省说:"没有门。"但她似乎并不是很关心这一点。露西往房子里放进了各种各样的东西,她似乎很喜欢待在自己的房子里。她评论说:"只能再进一个人,这儿就没地方了。"露西使用了有关容纳的词汇和与之相关的数学语言,并通过自己的动作和语言展示了她对数、量、大小、方位,空间和估算等概念的理解。

后来，在露西的要求下，老师为她提供了一些简易的盒子作为浴盆和洗衣机，露西把娃娃放在"浴盆"里，娃娃的衣服放到"洗衣机"里。然后，露西开始给娃娃穿衣服，她运用非常精湛娴熟的操作技能来进行不同种类的容纳活动。露西认为衣服还是湿的，需要放在"烘干机"里去烘干。她向老师要胶带，并解释说"因为我想让衣服留在里面"。在这句话中，露西再次使用了与容纳有关的语言。

露西将老师作为资源的提供者，来不断发展和扩展自己的游戏，她为了达到不同的目的，以几种不同的方式封装了各种各样的物品。

在不同的场合，露西使用了各种材料来为那些假想的人和玩具小人儿建造房屋。例如，她在自己的房子边上建造了一个车库，并且在里面放了一辆卡车。她说："他们都在车库的这辆卡车里面。"后来，她把玩具小人儿放在房子里，说："人们在房间里，这是他们生活的地方，这个梯子是用来爬上去的，当他们上去后，可以进里面睡觉。"在这个案例里，露西正在将上升和进去的概念联系起来，并运用适当的语言来描述她自己的思维活动。

儿童在探索不同的模式时，是否会发展出一些类似的概念？

本研究对40名儿童的观察表明：动态垂直图式、动态旋转图式和覆盖/容纳图式这三种图式，都可以产生一些数学和科学的概念。这些概念包括：容积、网络、空间顺序、表面积、形状、排序、原因、结果和功能关系，以及颜色。

我们之前已经讨论过儿童关于容积的概念和经验。在本节中，我们将集中讨论儿童在上述三个方面的思考和理解：镶嵌式网格、表面积，以及原因、结果和功能关系。选择这三个方面来进行讨论是因为它们涉及儿童的学习领域，这与3岁和4岁儿童的成长有关，以往人们很少将它们与儿童的发展联系起来进行讨论。在此处的讨论中，我们将较少关注的领域是排序、大小、颜色和形状，因为这些概念在早期教育课程中已经被作为基础性的内容完全建立起来了（Fontana, 1984）。

镶嵌式网格和空间顺序

儿童对镶嵌式网格/棋盘格和方位的探索，以及对这些概念的理解案例表明，幼儿有能力专注于一些复杂的数学概念。

> 盖伊选择了一个木制的拼图玩具，他把不同形状的积木及其相应的轮廓嵌套在一起。几天以后，盖伊

将木制积木块放在了一张大纸上。一周以后,他在一个广场上放置了四个足球,并且踢了其中的一个,这个球造成的影响使得四个足球都动起来了。盖伊大叫道:"它们滚得到处都是!"盖伊很可能已经理解了将二维的平面形状组合在一起的方式,并正在尝试对三维的立体形状进行镶嵌拼接实验。他看着在幼儿园的花园里工作的泥瓦匠,兴致盎然地观察他将形状和大小相同的砖块用不同的方式嵌套在一起,形成棋盘格的镶嵌形状,最后做成了一个立柱。

利奥将6个大约2厘米高的立方体紧贴着砖墙进行叠放。后来,他扩大了自己的尝试范围,将其搭建成了一个高度增加三倍、宽度增加两倍的立方体。

露露用颜料在大张的纸上标记着镶嵌式网格的图案,最后画出了一个方形的镶嵌式网格。随后,她又将各种不同的形状嵌套在一起,设计了不同的镶嵌式网格。

盖伊、利奥和露露分别使用他们可获得的工具来发展自己的个人经验。在前述案例中,他们将不同的形状和空间组织起来。皮亚杰和英海尔德(Piaget & Inhelder, 1956)指出,儿童早期的空间概念是拓扑结构的,后来逐渐被欧几里得的概念所取代。

对于教育者来说，空间观念可能是难以理解和讨论的，但是如果要充分培养儿童对空间的理解，教育者自身就一定要对此有所理解。迪克森、布朗和吉布森（Dickson, Brown & Gibson, 1993）曾经列举了一些有用的空间类型定义和具体示例。他们将拓扑属性描述为"与大小或形状无关的全局属性"（p13），并将欧几里得属性描述为"与大小、距离和方向有关，从而有助于长度、角度、面积等的测量"（p14）。

儿童以灵活的方式探索空间：他们在一定的空间中摆放图形，将各种图形摆放成有规则和不规则的图案，并在绘画和涂色时在空白当中创造图案。儿童操作图形和探索空间的方式是多种多样的，然而，拼图玩具却要求儿童将不同形状的图形以一种单一的方式拼装在一起，填色书要求儿童将颜色填充在固定的空格当中，这些操作方式都有待商榷，试问这样的活动如何能支持和丰富儿童灵活的空间概念呢？

表面积

> 萨莉似乎对涉及垂直运动的概念和经验感兴趣。她在绘画时用画笔在纸上进行上下的移动，来回涂抹出一道道颜色，直到她用红色颜料覆盖了整个纸面。

如果给予幼儿材料和时间，他们就可以创造出有关空间覆盖的经验。儿童使用这种颜料进行活动，并且在这类活动上花费时间，幼儿教育者必须认识到它所能带来的学习机会的价值。莫亚是参与"大胆发现计划"项目的艺术家，在早期教育机构中与教师一起工作，并致力于为学步儿和幼儿提供大量的黑白色颜料。蹒跚学步的孩子们穿着纸尿裤，在颜料中行走、滚动和横躺，用自己的标记覆盖大纸张的表面，开心地感受颜料的特性，了解他们在游戏过程中能够对自己和纸张所做的改变。在该项目的其他场合中，孩子们探索了使用色彩丰富的蜡笔来覆盖住大纸张的可能性：他们选择用多种颜色的颜料来覆盖住大纸的表面，并且在交流中会经常用到"我把它盖起来了""它消失了"和"我把它藏起来了"等语言。

索尔使用画圈的动作和图形标记进行了类似的绘画，最终把一张纸全部都涂上了橙色颜料。

如果我们仅仅查看儿童活动的最终结果，就无法分辨这部分案例中涉及的过程性细节。当儿童工作时，观察他们的工作状况对于有效学习来说至关重要。

当孩子们把自己掩盖起来或者彼此掩盖时，他们其实是在探索和体验表面积的概念。

> 菲奥娜请一位教师躺在娃娃之家角落的床上，并且给她盖上了东西。菲奥娜将数学概念融入了她的想象游戏当中。她意识到自己需要用两张床单才能盖住老师，因为一张床单不够长（尽管通常一张床单就足以遮盖住其他孩子了）。
>
> 格温找到了一张包装纸，她观察着一幢小的农舍模型，似乎打算用这张纸把农舍模型包起来。她说："不够大"，并尝试寻找一张更大的纸，结果却一无所获。后来，她选择了一个较小的物品来进行包装。格温能够估算大小，并了解三维物体的大小和包装它所需要的二维纸张大小之间的关系。她通过演唱"生日快乐"歌结束了自己的活动，从而将假想的情节和赠送礼物之类的事件融入了自己的活动当中。

原因、结果和功能关系

儿童往往对自己行动的结果感兴趣。在本书中，许多儿童都对事物的运作方式以及他们能使事物做什么而着迷。下面这个案例说明了儿童是如何研究物体、推断物体的功能，然后用适当的语言来描述他们自己的所作所为的。

盖尔正在转动木工操作台上的老虎钳手柄。她说："看，当我转动它（手柄）时，我就可以把木头放进去了。"她通过操作、实验和观察推导出了老虎钳的功能。四周以后，盖尔将一个容器放到水槽中，并往容器里装水。水不断地从容器中流出来（经过多次失败的尝试），盖尔最后将这个容器丢弃了。她说："它上面有小洞洞，所以水总是流到地上。"盖尔清楚地了解到孔洞对容器能否盛水的影响，还知道这不是"偶然"现象，任何有孔洞的容器都不能盛水。

安一边转动着玩具车库里的把手，一边说："当我转动它时，这个小台子就会移动一点，当汽车在上面时，它就会转过来。"安很清楚地描述了原因（转动把手）、结果（小平台的移动）和功能（使汽车旋转）。

露露看着一个易拉罐从桌上滚下来，说道："这真好笑，因为它是圆形的，所以它掉下来了。"了解到易拉罐的滚动后，露露有了自己的假设，即圆形的东西可以滚动。

当儿童讲话时，他们是在练习使用语言并创造不同的含义，儿童经常在表述中展现他们对原因、结果和功能关系的理解。如果儿童不表达自己的想法，我们就很难知道他们是否理解因果关系。教师和其他教育者有责任引导儿童参与到可以使用不同术语的讨论当中，以便儿童在这些典型词汇的基础上生成自己需要的单词，从而谈论自己的发现和想法。在这种情况下，我们必须对双语背景的儿童予以关注，满足他们的需求，并为所有的儿童提供机会，使他们可以用自己的母语来发展和讨论自己的想法。这对参与其中的工作人员和父母有一定影响，以便最大限度地让母语不是英语的儿童及其家庭融入和参与到活动之中。

> 卡罗尔将一个水泵放入水中，她似乎对自己上上下下的动作很着迷。她对自己的动作与抽水之间的关系还不能理解清楚，因为她什么也没说。教师仔细地观察卡罗尔，然后走到她身边向她描述了她自己正在做什么："你正在上下移动水泵的把手，水泵里面吸满了水，水就从顶部流出来了。"

教师的描述旨在帮助卡罗尔了解自己的行为和见闻，并提供话语以供卡罗尔选择使用。教师可以通过这种方式来介绍因果性的语言，例如"之所以这样做是因为……"，或者"这就是为什么……"等表达方式。

在本章我们讨论了三个问题，都关于图式与儿童的数学和科学概念发展。通过对本研究中具有代表性的儿童进行观察，我们可以清楚地发现，这些儿童可以获得丰富的知识和理解，这将使他们能够进一步掌握一系列的数学和科学概念：

>……这些科学和数学的基本核心概念，以及呈现了生活和文化形态的基本概念，对儿童来说都是既简单又影响深远的。为了使幼儿掌握这些基本概念，并且能够有效地使用它们，我们就需要不断加深儿童对于这些概念的理解，这种理解是通过越来越复杂的学习形式，以及在运用这些概念的过程中获得的。只有当这些基本概念以形式化的方式出现时，比如抽象的公式或详尽的语言概念等，儿童才会无法理解与掌握。如果儿童还没有直观地理解这些概念，并且没有机会对它们进行抽象化的理解尝试，那么教师就应该设计科学、数学、社会研究和文学领域的早期教学，并且以谨慎诚实的态度来教这些内容，但在此过程中，教师要重点关注儿童对概念的直觉把握和对这些基本概念的运用。(Bruner, 1977, pp. 12-13)

这一章，我们本着学术上的诚信态度来描述儿童的学习活动，认为儿童的学习根植于各种各样的活动，而这些活动大多源于孩子们的游戏。在幼儿园，教师提供的经验的广度和深度应该能够对儿童的思维提出挑战。对于负责儿童思维能力开发的教师和其他工作人员来说，要根据个人的能力和兴趣为儿童提供适宜的挑战。

这一章内容探讨了如何让儿童通过直接经验和图式的发展来提高他们对数学和科学概念的理解，说明了儿童的行动、思维和语言在概念的产生和发展过程中是如何紧密相连的。本章所讨论的学习是那些处于动态探索和发现当中的儿童的学习，他们是学习过程的积极参与者。有经验的教育工作者能够根据儿童的学习方式为其提供广泛的机会，以便他们能够通过自己的学习模式而得到发展。本章所提出的一些问题对课程设置具有影响，这些内容我们将在第八章进行讨论。

？ 思考问题与实践

1. 请尝试观察对覆盖/容纳感兴趣的孩子——分析他们在探索中表现出了哪些数学和科学概念？

2. 你可以为儿童提供哪些探索垂直图式的设备和经验——这些经验是如何支持儿童数学和科学概念发展的？

3. 想一想孩子们觉得有趣的事情。你是否能找到一些证据，证明那些能够被儿童很好理解的概念使儿童的想法显得"有趣"，并具有幽默感？

4. 请思考你自己在运用语言方面的技巧，考虑其能否与儿童看到的内容相匹配？这种做法对你有用吗？孩子们是如何回应的？

拓展阅读

Arnold, C. (2010) *Understanding Schemas and Emotion in Early Childhood*. London: Sage.

Athey, C. (2007) *Extending Thought in Young Children: A Parent–Teacher Partnership* (2nd edn). London: Sage. [Especially Chapter 6, 'From action to thought'.]

Isaacs, S. (1930) *Intellectual Growth in Young Children*. London: Routledge & Kegan Paul. [Especially Chapter 3, 'Discovery, reasoning and thought'.]

Meade, A. and Cubey, P. (2008) *Thinking Children: Learning about Schemas* (2nd edn). Buckingham: Open University Press.

第六章

读写学习的模式

Patterns of literacy

拉齐亚和另外4个孩子正在接待处外面设立的"办公室"玩耍，他们在这个学期将满5周岁，要开始上学了。办公室配备了两台打字机——一台是手动的，另一台是电动的，还有一台装有文字处理程序的计算机、一个概念键盘、几部电话、教室和办公室之间的对讲机、记事本、花名册、笔、记事目录、信封、物品架，以及其他办公用具。孩子们已经去参观过学校的办公室，了解了那里的设备和用品使用情况，他们现在也拥有这些设备和用品了。他们曾经组成小组到当地企业参观大型办公室。

皮克·拉齐亚的年龄是4岁8个月，她正坐在打字机前，打记事本上的一页笔记。拉齐亚"阅读"记

> 事本上的文字时遇到了一些困难,"如果把它录下来,就会容易得多了——我看不懂她写的是什么!"拉齐亚的行为可能是在模仿她到当地企业参观时,一位秘书告诉他们的话。这位秘书抱怨说有时候人们的笔迹太难辨认,如果使用录音机录下他们的话通常会更容易。
>
> 另一个孩子告诉拉齐亚,有一个电话是打给她的,并把电话递给了她。拉齐亚将电话塞在下巴和右肩之间,并且一边通着电话一边继续打字!然后,拉齐亚用左手拿起笔,一边在便笺簿上做着记录,一边说道:"是的,是的,好的,我告诉她。谢谢您的来电。"拉齐亚放好电话,写完了便条。拉齐亚这个小女孩的角色扮演剧本,可以反映出她所学到的一些知识,包括一些人的工作方式、他们是如何交流的、他们所使用的语言、所采用的姿势,以及忙碌的办公室生活等内容。

在学校里,读写学习应有一个真实的目的和情境,儿童以往的经验通常可以成为展开新学习的动力。许多幼儿的读写能力和他们所做的游戏息息相关,保持同步发展(Christie, 1991)。拉齐亚——这个正处于发展中的书写者和读者——已经知道了这些能力的实用性,并且在角色扮演中运用了她对阅读和写作的了解。拉齐亚的游戏以现实生活中的经验为基础并具有实用性目的,但是,她的教师又将如何挑战和进一步扩展拉齐亚的读写能力呢?

> 拉齐亚的大部分时间都是在"办公室"游戏区度过的,现在教师想花一些时间和她一起读写,进行一段时间的一对一教学。但是,拉齐亚已经完全沉浸在游戏中了,她在游戏中流畅地运用着语言,这正是教师希望鼓励这个有双语背景的小女孩做的。拉齐亚的老师利用自己对儿童成长和学习的了解,以及自己对有效教学法的了解,来决定下一步的行动。她需要确定自己的干预不会干扰拉齐亚的思维和学习过程。老师想加强拉齐亚现有的学习,而不是中断她的学习。于是,拉齐亚的老师用一些"打字任务"来接近拉齐亚:"拉齐亚,你能给我打一封信吗?我想写信给办公室,感谢他们答应我们去参观。如果你把信打出来,我们每个人就都可以在上面签名,然后就可以把它寄出去了——我们还需要一个信封。"拉齐亚对这项任务感到自豪,她很想完成这项任务,于是立即开始着手工作,打出了由老师提前写好的草稿。写完这封信后,

> 接下来的任务就是打印出来让孩子们在信的末尾签上各自的名字。拉齐亚选择了一个棕色的信封，并在前面打上"OFIS"的字样。拉齐亚的老师还写了一封"补充信"与拉齐亚的信件一起寄出，以免公司的办公人员看不懂拉齐亚的书写内容！

拉齐亚和她的老师所进行的是一种动态的教与学的方法，这种教学法源于实际情境，并导向具有一定目的性的结果。拉齐亚在学习写字和识别单个字母方面获得了更多经验，她努力地阅读老师写的信，并且清楚地知道自己在打什么内容。拉齐亚能够认出单个的字母和一些完整的单词，并且能够在打字机键盘上找到她所需要的字母。创造性活动可以激发儿童参与的积极性。能够因地、因时制宜的老师可以为他们提供真实的目标、真实的任务和真实的受众，并能够针对儿童的需要和发展情况及时调整他们的学习目标。拉齐亚的老师根据儿童的当前兴趣来调整自己的教学方式，从而使儿童成功地将注意力集中在书写方面。她不是通过要求儿童适应老师预定的教学计划来实现这一目标，而是根据儿童的兴趣来调整自己的教学，从而为儿童带来了积极有效的学习机会。

通过老师提议打信件这件事，拉齐亚学到了什么呢？她认识到自己和对信件任务的贡献得到了老师的重视。她还学到了更多与他人交流的技能，了解了应该如何对接待参观的人说"谢谢"等。此外，她懂得了她的这封信是值得写的，也值得邮寄出去。这封信在词语和字母的文字世界中占有它的一席之地，拉齐亚感受到了真正的目的和真正的成就。她酣情使用了大写和小写字母，对照老师的草稿检查了自己输入的文字，还正确地写下了自己的名字。这些都是早期读写学习过程中的一些基本要素。

拉齐亚的老师是如何支持和扩展拉齐亚读写能力发展的？她是如何决定自己的角色的？图6.1中列出的框架为教师在鼓励儿童读写能力发展方面提供了有用的方法。

示范
提供
观察
互动
干预

图6.1 鼓励儿童自然生成性书写的支持方案

我们可以利用各种环境为儿童提供丰富多样的读写示范：商店、办公室、家庭、学校、印刷厂、休闲中心等，让儿童看到人们是如何使用他们的读写技能和工具与他人交流的。正如雷（Wray et al., 1989, p66）所建议的那样，儿童需要看到读写是怎样发生的：

如果没有正在使用读写环境的人，没有人通过各种方式来展示文字印刷品是何时使用、如何使用、在何处使用，以及印刷品究竟是什么，那么所谓的读写环境就是一个没有意义的概念。

儿童需要动态的机会来进行情境性的读写。当我们向儿童提供各种读写示范，并提供丰富的读写环境时，儿童作为读者和书写者的能力就会快速发展。教师和其他幼儿教育者必须首先考虑儿童对读写的了解，以及儿童所熟悉的读写方式。他们必须为儿童提供书写和阅读的机会，以及儿童读写所需要的设备和材料：优质的书籍（我们将在下一章中进行讨论）、书写工具、读写示范以及各种字体和手写体的书面文字。

那些与幼儿一起工作的人必须学会运用观察技巧来观察儿童的言行，判断儿童已经知道的知识，并确定他们可能需要帮助的地方。观察可以帮助教育工作者决定下一步的工作内容，从而支持、发展和扩展儿童作为书写者和读者的能力。除了观察儿童在读写过程中的言行，儿童在阅读和书写过程中与同伴的互动也非常重要。观察和互动可以帮助教师确定自己应采取什么样的干预类型。为了确保积极的干预不会对儿童的学习过程造成干扰，教师必须首先进行敏锐的观察并与儿童互动。所有这些都需要高超的技能和对幼儿的了解，以及他们在不同情况下的反应和行为。这就需要教师持续通过专业发展、与他人进行言语交流，并具有针对研究、政策和实践的批判性知识来获得读写知识和能力的提升。如果没有教师的评价，那么这个实践操作方案中的示范、提供、观察、互动、干预和评价就是不完整的。教师必须留出时间反思所发生的事情，并对所使用的策略和其产生的结果进行评价，无论评价多么简短。我们需要提出类似如下的问题：拉齐亚学到了什么？教师的干预策略成功了吗？老师接下来会做什么？

目前已经有很多文献分析有关儿童作为书写者的发展情况（Green, 1987; Lysaker et al., 2010; Nutbrown et al., 2005; Yang and Noel, 2006）。也有一些经典研究文献详细记录了儿童个体的早期书写发展情况（Bissex, 1980; Payton, 1984; Schickedanz, 1990）。英国《国家读写战略计划》（DfEE, 1998）的出台，本来旨在改善小学的读写教学和提高小学生的读写水平，然而具有讽刺意味的是，它却引起了人们的顾虑：人们担心由于过分规范的课程和去情景化的读写活动会影响儿童早期读写能力的发展。此外，也有人担心在早期读写教学当中，游戏的地位正在被削弱——2005年英国《国家读写战略计划》的发布并没有为11岁儿童读写能力的发展带来预期的成果。也许，去除游戏性的早期读写认知和技能训练策略，在一定程度上导致了部分儿童读写能力的下降？早期基础阶段（Early Years Foundation Stage, 2008）提倡通过将游戏融入识字学习的各个方面以促进儿童发展，并提出应该针对儿童在沟通、语言和读写等方面的知识、技能和能力进行读写能力评估。

关于幼儿的图式及其书写能力发展，我们需要提出两个涉及书写形式和内容的重要问题：

第一，书写的形式和内容是否应该分开，分别赋予不同的价值并予之不同的关注？

第二，幼儿书写的形式和内容与幼儿在其他方面的思维和行动之间是否存在联系？

幼儿早期书写的形式和内容

如果重视儿童的心声，那么他们的书写内容、含义、表达重点也必须始终引起我们的重视。儿童在书写中选择说的话、他们为什么这样写、写给谁等内容，都是培养书写者的重要因素。儿童书写的内容受到他们的经验，以及他们认为有意义的东西的影响。儿童的书写经常反映出对他们而言重要的事件，无论真实还是想象中的事件，以及他们读过或听过的喜欢或有影响力的故事情节。

儿童像作家一样发展读写能力，他们通过自己的书写来创造意义，这一过程也是所谓的"文秘技能"的发展过程。这种技能包括儿童在早期标记过程中所表现出来的对书写系统的理解：标志、符号和书写惯例。儿童早期尝试书写单词和类似字母的符号，是他们学习书写形式和书写系统结构的有力证据。处在成长中并有双语或多语言背景的幼儿，经常使用表征符号并创造自己的理解策略，这些儿童使用几种符号系统，每种系统都具有不同的书写符号和书写惯例（Hirst et al., 2010; Kabuto, 2010; Reyes, 2006）。

儿童写作的形式和内容都是帮助他成为一名书写者的重要因素。形式是关于结构和表达的，而内容则是书写者的本质和意义。好的教师可以帮助儿童同时发展书写的这两个方面。缺乏交流内容的书写，即便格式清晰、书写规范，也几乎没有什么用处。书写者只有在有话要说时才成为书写者。缺乏交流内容的书写形式是在浪费精力，然而，当儿童有很多话要说，却因为没有掌握读写技能而无法用合适的形式来帮助自己，这也存在很大问题。形式和内容这两个方面都必须加以重视，不能顾此失彼。

在过去的20年中，英语国家的政策越来越重视书写形式的正确性——也许这是以无法接收儿童通过书写传达的信息为代价的。如果在课程中强调书写形式的正确性，那么人们就会期望7岁以下的儿童应该相当熟练地掌握书写的形式。与此同时，我们又在鼓励儿童以有趣的方式进行书写，这就会导致一定的风险，即那些如大写字母和句号的正确位置之类的更容易进行评价的东西，被赋予了更大的价值，而儿童是否在其作品中明确表达自己的意思却没有获得相应的评价权重。阿姆斯特朗（Armstrong, 1990, p15）对此有不同的看法，他曾进行充分论证，意义必须置于儿童书写的中心。他观察到："解释儿童作品时最重要的任务之一就是描述其意图模式：支配儿童思维并寻求实践表达的兴趣、主题、倾向、沉思的形式。"无论我们所实施的政策如何变化，鼓励儿童在书写中或者通过书写的形式，来传递自己重要的故事与信息仍然至关重要。作为一名书写者，注意内容、语法和表达的正确性都必不可少——也许从人类的角度来看，内容更是如此。如果我们珍视每个儿童的"声音"及其书写与思维的含义，那就必须重视每个儿童的写作内容。

"大胆发现"项目的艺术家凯蒂在小班与孩子们一起工作，她致力于通过谈话来帮助孩子们发展想象力。孩子们一个接一个地爬到一个用薄纱围起来的空间里，他们坐好，然后看着凯蒂给他们介绍一个睡在小棉布袋里"朋友"。凯蒂问了每一个孩子，看他们是否愿意听这个沉睡的生物的故事。

凯蒂：我们该怎么做才能唤醒他？
杰玛：大喊"怪物"！

凯蒂通过自己的声音使整个讲述过程充满生气，她摇晃着袋子，将黑白条纹的老虎手偶拉出来。凯蒂对孩子们介绍说这是"蒂尼"，并且问孩子们是否想抚摸他。六个孩子都轮流轻轻地抚摸蒂尼，抚摸他的背部和头。凯蒂告诉孩子们，蒂尼很喜欢诗歌，并且蒂尼希望孩子们能一起来为他的蜜蜂朋友写一首诗。丹尼说："一首蜜蜂诗。"

凯蒂：她喜欢飞到哪里？

孩子们：飞到小岛上，飞到她的房子里，

　　　　飞到一棵树上面，

　　　　飞到花园里，

　　　　飞到花上吃蜂蜜，

　　　　甚至飞到摇篮里，

　　　　嗡嗡嗡，嗡嗡嗡。

凯蒂：她喜欢吃什么？

孩子们：坚果、蜂蜜、小块的食物、炸鱼薯条、

　　　　鸡肉和薯条、鸡肉和豌豆、花生，她还

　　　　能吃胡萝卜和蔬菜。

凯蒂：她会穿什么？

孩子们：她跳着迪斯科，她可能穿着裙子、礼服、

　　　　粉红色的鞋子、一件外套。她有自己的

　　　　主意。

凯蒂：什么样的主意？

孩子们：一辆汽车，开得很慢的汽车。

凯蒂：蜜蜂会开车吗？

孩子们：开黄色和蓝色相间的车，

　　　　在高速公路上就可以开得快快的。

[孩子们在谈论着他们的汽车。凯蒂给了孩子们一些时间去交流，然后接着讨论下一个问题。]

凯蒂：她想玩什么游戏？

孩子们：她可能会踢足球，

　　　　足球，

　　　　她可能会和朋友一起玩。

凯蒂：谁是她的朋友？

孩子们：更多的蜜蜂，

　　　　三个其他的朋友，

　　　　蜜蜂和一个小宝宝，

　　　　没人成为她的朋友。

[孩子们数了数她的朋友——有12个。]

凯蒂将孩子们的所有想法复述了一遍，然后孩子们一个接一个爬出了这个用薄纱围起来的空间。凯蒂将孩子们的话写成了一首诗，然后大声地朗读给他们听，鼓励他们也跟着齐声朗读。

《蜜蜂嗡嗡嗡》

嗡嗡嗡，嗡嗡嗡，嗡嗡嗡，

嗡嗡嗡，嗡嗡嗡，嗡嗡嗡，

飞啊蜜蜂，

去吃蜂蜜。

她飞到岛屿，

花园和树林,

降落在花丛,

这只嗡嗡的蜜蜂。

嗡嗡嗡,嗡嗡嗡,嗡嗡嗡,

嗡嗡嗡,嗡嗡嗡,嗡嗡嗡,

飞啊蜜蜂,

去吃蜂蜜。

她在公园里踢球,

还玩起了捉迷藏,

她开着黄色和蓝色的汽车,

哔哔,哔哔,哔哔地开着。

嗡嗡嗡,嗡嗡嗡,嗡嗡嗡,

嗡嗡嗡,嗡嗡嗡,嗡嗡嗡,

飞啊蜜蜂,

去吃蜂蜜。

她穿着漂亮的裙子,

和亮丽粉红色鞋子,

吃着糖果和蛋糕,

还有棒棒糖。

嗡嗡嗡,嗡嗡嗡,嗡嗡嗡,

> 嗡嗡嗡，嗡嗡嗡，嗡嗡嗡，
> 飞啊蜜蜂，
> 去吃蜂蜜。
>
> 当这只小蜜蜂
> 累了，玩够了，
> 她就看起自己最喜欢的DVD
> 《公交车上的轮子》。
> 嗡嗡嗡，嗡嗡嗡，嗡嗡嗡，
> 嗡嗡嗡，嗡嗡嗡，嗡嗡嗡，
> 飞啊蜜蜂，
> 去吃蜂蜜，
> 嗡嗡嗡嗡嗡嗡，今天蜜蜂飞啊，
> 嗡嗡嗡嗡嗡嗡，她已经飞走了。

以这样的方法促进话语发展，有助于促进幼儿创造力的发展与自发观念的形成。通过指明幼儿言语的价值，可以增强他们对发展自己想法的信心，从而扩展他们的书写内容。

书写形式和内容与儿童其他领域思维和行动之间的联系

我们是否有可能确定儿童书写的形式和内容与他们在其他方面的思维、行动之间存在着一定联系？

> 索菲（7岁5个月）正在写一篇火车游记。她的书写包括好几种与连接相关的内容：隧道、火车站大门、过河的垫脚石。显然，她自发地对"连接"的书写兴趣与字母（和单词）之间有所关联。她的老师解释说，全班目前还没有解决连接性书写的问题，但是索菲似乎不仅打算将单词中的字母连接起来，而且还希望将单词连接在一起！这种对连接的兴趣与她对艺术和舞蹈的兴趣也是联系在一起的，就此她整合了有关加入和连接的内容。
>
> 安吉（4岁2个月）画了一幅画，对老师来说这幅画就是一整块的颜色。但是，在对这幅画的描述中，安吉使用了一些与覆盖有关的概念。安吉在给这幅画当中的各个部分起名字时，阐明了她在画画时的思维过程：
>
> 这是房子。那是被颜色盖住的小女孩。那是正在下着的雨滴。这是雪。雨将会把雪盖住。雨滴正在下

> 下来，盖住了雪。
>
> 　　安吉的描述包含了几处对覆盖的说明，表明她的思维与她的绘画和言语表征是有联系的。

书写表征

书写作为一种表征手段，是促进儿童书写发展需要考虑的另一个层面。

用书写表征的书写

当幼儿开始关注书写的行为时，他们似乎只是在"为了书写而书写"。他们在整张纸上快速地移动着笔，就像他们在家时看到成人坐在桌边写下便条或信件时所做的那样。他们可能会写出一系列线性的曲线，来代表书写的样子。在这样做的过程中，他们会有一种自己成为书写者的感觉。成人如果在书写发展的这个阶段观察过幼儿，他们就会注意到，孩子们在模仿书写者的姿势和举止。他们会"认真"地书写，面部表情说明他们会集中注意力，并且会"专注"于目标。以这种方式进行书写的儿童可能会写出与图 6.2 相似的作品。亚当（3 岁 2 个月）在假装书写时抬头看着他的妈妈，说："我正在写字。"亚当似乎正在描述着他书写的行为、书写的过程、书写的"感觉"，而不

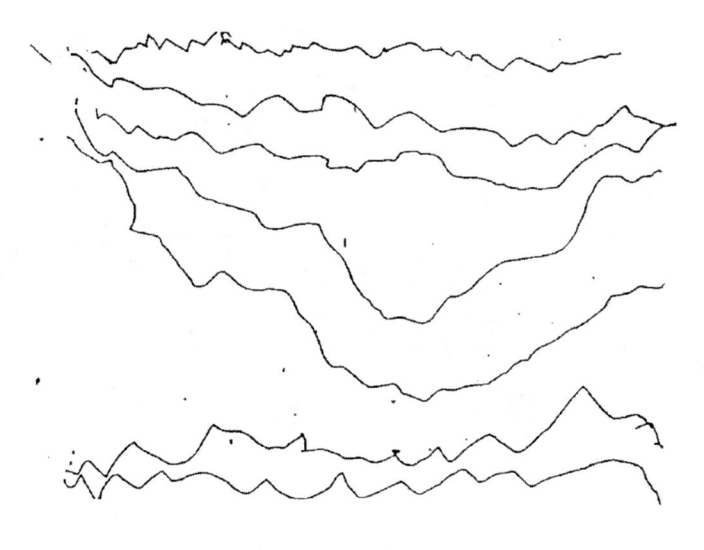

图 6.2 "我正在写"

是"书写的作品"。

  对书写符号有了一定了解的儿童，可能会写出类似图 6.3 的作品。当乔安妮（4 岁 4 个月）写下这些线条时，她说道："这是书写。"她根据自己对书写和书写惯例的了解，写出了一页看起来像是书写作品的象征性符号。从这张纸上，我们看不出要传递的信息，这仅仅是书写。

  一些儿童在掌握足够的技巧，并使自己书写的符号类似于惯例的方式传达信息之前，他们就已经知道了书面文字的作用，而且可以写出一些具有实际内容的文字。理解书写的作用，懂得书面信息的重要性，这对儿童来说比仿写文字符号更为重要。

图 6.3 "这是书写"

肖恩（4岁3个月）不喜欢书写，并且尽量避免书写活动。他更喜欢户外活动，从事更加有活力、活动量较大的活动。有一次，肖恩想去学校办公室复印一些自己画的画。那是一个星期一早晨，学校办公室的工作人员还没有开始一周的工作。从幼儿园过来的孩子总是随身带着老师写的便条来学校办公室，表明他们从事的是"公务"活动。肖恩不喜欢去办公室，但

> 是他迫不及待地要复印自己的画。他试图说服班里的老师们让他去，最后，老师说："肖恩，你需要带上一张便条，证明你必须要去。我不能让你去，你没有便条就更不能去了，今天早上办公室里太忙了。"肖恩毫不犹豫，用自己的方式写了一张便条（图6.4）。他拿着便条来找老师，说："这上面写着：男孩子可以去办公室了。"他边说边自信地将便条放在老师手里，说："我现在可以走了吗？"老师把肖恩想表达的意思又写了一遍，这样工作人员就能看明白了，老师同意肖恩可以在今早工作人员不太忙的时候去办公室。肖恩对此非常满意。

肖恩运用自己关于书写及书写作用的知识，再加上坚持而达到了自己的目的。此刻，他对书写内容与意义的理解帮助他克服了自己在书写形式方面的局限性。

Shaun

that says "boys can go down to the office"

图6.4 "这上面写着：男孩子可以去办公室了"

作为表征的书写

当幼儿知道他们可以写出一个或一系列表示他们自己内心意图的符号时,他们就已经获得了一个重要的发现——这确实是一个发现。此时,儿童自己的亲笔签名开始出现在每幅图片和绘画上,无论成人是否已经替幼儿签了名。儿童通常会写上他们名字的开头,因为他们已经能够做到这一点了。

> 3岁9个月的洛丽(Lori)写了一篇东西,乍一看这似乎是她在尝试写字母"o"(图6.5)。但是,洛丽自己说出了她书写的真正目的:"这是 Lori 的一部分,我还不会写。"

也许洛丽正在努力地练习,自动自发地表征"Lori"这个单词中椭圆形的字母"o",从而把"Lori"写成了"o"。洛丽知道这个圆形应该是闭合的,但是她还无法控制好自己的手去画成想要的样子。那些还记得自己学习书写过程的成人可能会有类似的经历,他们曾经试图写一个完整的、看不出明确起点的圆润的"o",却怎么都写不好。

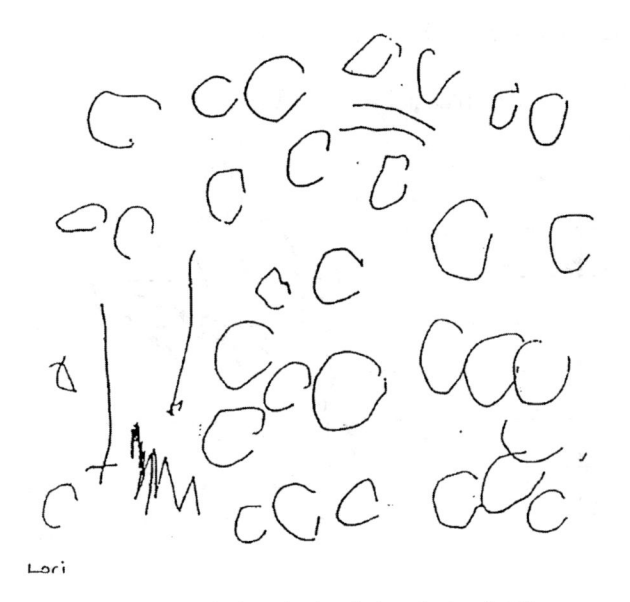

图 6.5 "这是'Lori'的一部分,我还不会写"

斯图尔特刚入幼儿园的时候只有 3 岁。当注意到某个东西时,他倾向于用手指着并用单个的单词来说明。书写对他来说显然是全新的事物。他敏锐地意识到自己所处的环境,不论在室内还是户外,他都注意着幼儿园周围和书里图片的微小细节。他一直在走动、探索、调查和发现。斯图尔特自己的符号创作还处于初期阶段,但他似乎已经理解文字具有一定的意义,可以用来表示事物和传达信息。在休息室的门上看到有关故事书的通知后,斯图尔特自己也写了一些内容(图 6.6),他说这是"写一扇门"。

除了使用书写来代表他们自己的名字和事物之外，一些儿童最终还可以使用他们的书写来表达充满动作的故事。

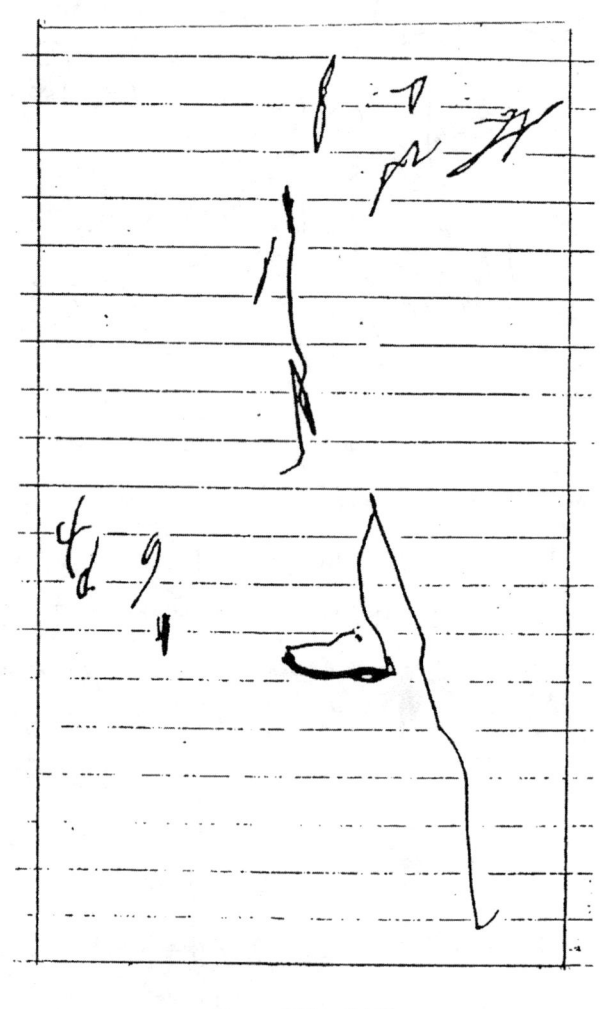

图 6.6 "写一扇门"

詹姆斯（3岁11个月）画了一幅画（图6.7），然后他将以下故事讲给了他的老师，他的老师在计算机上记录了这则故事：

詹姆斯的画

这是一个关于画画的故事……这很重要。天色亮起来了，这是一条正在等待飞船的狗。这是飞船正在行进的路线，它沿着这个航线飞上飞下地向前行进。这是一架直升机，它们正在盘旋。这是圣诞老人，他的房子在太空中。这是一架飞机，他正飞向狗和直升机。这是太空狼，他正要去其他飞机上取一些重要的东西。

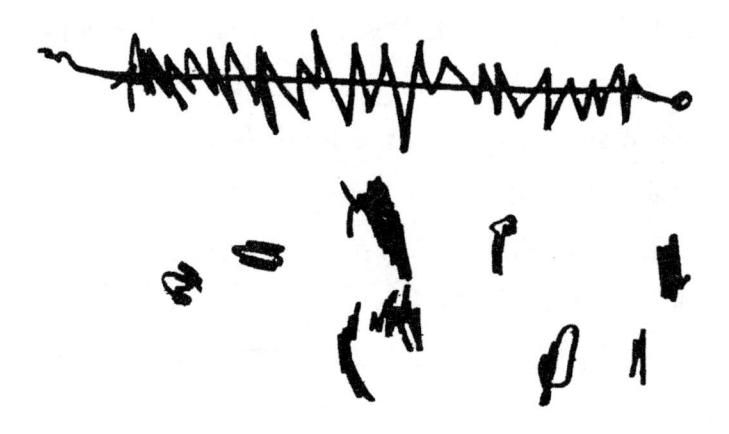

图 6.7 詹姆斯的画

詹姆斯对他的画进行了口头描述,他所使用的词汇与这幅画一样充满运动和动作。詹姆斯想要在太空和某个地方之间进行往返。他的书写和绘画是幼儿在书写发展过程中形式和内容相互交织的一个典型案例。

支持儿童作为发展中的书写者

20世纪70年代以来,已经有很多关于儿童早期书写发展的记录和报道(例如: Clay, 1972; Goodman, 1980)。最好的早期教育要基于儿童的家庭经历,以此来支持和扩展他们的发展(Athey, 2007; Nutbrown and Hannon, 1997; Nutbrown et al., 2005),其中包括数字化素养(Marsh, 2005, 2010)和那些采用更传统形式的书面语言。在为儿童制定活动计划并帮助他们积累读写经验时,教师必须考虑儿童已经掌握的知识,并将之作为学习新内容的基础。一些3岁和4岁的儿童已经对阅读产生了兴趣,并且他们从初次参加幼儿园或游戏小组的活动时起,就已经是有能力的、自发的图书阅读者了;其他儿童还未形成对图书如何使用的理解,还没有体验到听故事和共享阅读的乐趣。同样,有一些儿童对书写非常了解,他们已经把自己看作书写者;而另一些儿童则需要支持和契机才能逐渐成长为书写者。

幼儿教育者的作用至关重要,他们可以确保为所有儿童提供所需的知识,从而充分发掘儿童在读写能力发展方面的潜力,使其成为自信且有能力的阅读者和书写者。教育工作者应该与幼儿及其父母一起活动，根据儿童现有的理解水平以及他们的个人需求和兴趣来发展幼儿的读写能力，这是儿童早期读写发展过程中的一个重要任务。专业的教育工作者应该有意识地重视和运用自身的重要技能，并能够与父母分享这些技能。他们也需要时间和专业发展的机会，来为自己的教学角色提供支持。

读写是如此重要，因此，我们应该刻不容缓地发展和扩展儿童对读写的兴趣和技能。然而，我们必须通过适当的活动和资源来支持儿童的早期读写学习，这些活动和资源应当以儿童乐于做的事情和他们的自然兴趣为基础，而非不适合他们目前发展阶段和关注点的正式训练和学习。教师与父母交谈，了解他们的孩子早期在家庭中都有哪些读写经验，这将有助于教师为儿童第一次参加小组活动时安排和扩展学习机会。

读写是一种生存技能，它为使用者提供了一种获取信息和与他人进行交流的有效途径，任何时候都不应该低估读写的作用。儿童需要从一开始就学习与读写有关的宝贵技能、知识，以及对读写的理解，从小就享受阅读和书写的乐趣——不是以强迫或人为干涉的方式，而是通过与儿童有关的所有人之间的密切合作（在家庭中和在学校里），从而最大限度地为儿童早期读写的发展提供有意义且令人愉快的机会。

父母如何支持儿童的读写发展？

20世纪80年代以来，越来越多的人希望父母能够参与到儿童的教育当中，尤其是阅读方面的教育（Griffiths and Edmonds, 1986;

Lujan et al., 1986）。现在，父母拥有多种参与儿童教育的方式，相关研究也已经证实了教师与父母进行合作的必要性（Nutbrown and Hannon, 1997; Winter and Rouse, 1990），教师和家长的这种伙伴关系可以为儿童的学习带来益处（Athey, 2007; Nutbrown et al., 2005）。

一些父母早在自己的孩子上学之前就已参与到促进他们读写能力发展的过程中了，这表明父母可以在支持和促进儿童的读写能力发展中发挥关键作用。一些父母参加了一门针对幼儿学习和发展的课程，他们曾被要求谈一谈自己所做的事情，是如何帮助孩子将注意力集中在读写和发展他们学习上的。这些父母说他们对孩子做了以下事情：

◆ 指出公交车上的标志和商店橱窗上的标志；
◆ 写聚会请柬；
◆ 查看易拉罐上的标签；给汤、意大利面和其他物体命名；
◆ 亲子共读后，一起扮演书中的角色；
◆ 浏览图书，描述图片，说一说最喜爱的是哪个，以及为什么；
◆ 将字母表贴在他们的卧室墙上，边看边读这些字母；
◆ 在下午茶时间，用字母形状的意大利面条拼单词；
◆ 在图书馆一起选择书籍。

参加这门课程的父母还谈到他们在帮助和支持孩子读写能力发展方面的一些想法和经验。他们回忆起与年幼的孩子在家里所做的不同事情：

"她喜欢写自己的支票，并拿去兑换现金！"
"我们读目录，她帮我们按顺序放进表格里！"
"她跟着BBC的儿童频道学说话。"
"当我上ebay网时——屏幕上一显示，她就说'立即出价'！"

也许最重要的建议之一来自一位家长，他说：

"我想我确实是在帮助她学习，但这很自然。我不认为'这是在帮她学习'，我只是这样做了。阅读和书写，这不就是生活的一部分吗！"

温伯格（Weinberger, 1996）报告了一项关于父母对儿童早期读写能力发展的贡献的研究，并从接受她采访的家长案例中得出了类似的活动清单。

早期读写能力提升方案（REAL）这一项目（Nutbrown et al., 2005）指出，父母在支持孩子读写能力的发展中可能扮演着4个重要角色：

◆ 提供读写机会；
◆ 表现出对儿童读写成就的认可；

- ◆ 与儿童进行读写方面的交流；
- ◆ 为儿童的读写提供榜样。

有促进儿童早期读写能力发展的意识并对此有所了解的父母，可以更好地增强他们通常自然在做的事情。于是，他们就可以欣赏、重视和支持幼儿的读写能力发展。参加早期读写能力提升项目的家长评论说：

"我抓住机会参加到这个项目当中，我很高兴自己参加了。"

"我喜欢能有高质量的时间与他一起做这些事情，例如涂色、绘画和玩游戏。令我大开眼界的是，除了一起坐着看视频外，你还可以和他们做好多其他的事情。"

"这给她带来了很大发展。"

"这对他很好。他对书籍感兴趣，喜欢读标志。他需要更多关注。"

"现在我知道我可以和自己的小家伙一起唱歌了。"

"尽管他们长大了，但我知道如何与他们交谈，如何教他们。"

"这使我花了更多时间陪伴他的哥哥。我还和他一起读了很多东西，这对我们影响深远。"

（Nutbrown et al., 2005, pp. 138-142）

早期教育机构如何支持发展中的儿童书写者?

在本章的前面部分,我们讨论了发展幼儿自然生成性书写的框架(图6.1)。幼儿教育者可能会愿意参考这一框架:示范、提供、观察、互动、干预和评价,以便制定他们自己与正在发展中的年幼书写者和读者一起工作的策略。

儿童早期所做的符号标记,无论是处于准确的还是表征性的阶段,都需要予以鼓励并支持其发展。如我们所知,本章中所提到的儿童早期符号标记和书写开端,构成了传统书写形式的基础。为了写出英语字母表里的所有字母,儿童需要会画直线、斜线、圆形、弧形,将符号连接在一起,并将符号标记放在封闭性符号标记的内部或外部。幼儿的早期书写和绘画具有许多这样的特征。随着儿童符号标记能力的发展,他们对书写的理解也随之发展。在尝试标记符号的过程中,他们逐渐发展起自己的书写系统,增强了控制能力,并能够反复写出字母、符号和单词。遵循图6.1所示的适当教学框架,加上专业教育工作者的支持,幼儿有能力掌握自己需要书写的所有标记,成长为合格的书写者。同时,儿童需要机会来练习他们所需要的单词,以获得相应的经验,从而在书写时为他们提供可以表达的内容。儿童书写的内容和形式是同时发展的,这是早期读写教育的重要因素。儿童需要机会练习标记和符号,需要良好的示范以了解惯用语及其用途,需要知识渊博的教育者有足够的时间来根据他们当前的学习需求调整干预措施。

本章重点讨论在儿童作为书写者和阅读者的发展过程中，读写形式和读写内容所处的地位。儿童的故事经验对他们读写能力的发展至关重要。许多研究者已经讨论过故事在儿童学习中的重要性（e.g. Bennett, 1991; Meek, 1988; Waterland, 1985），他们都认为当儿童有广泛的阅读内容时，他们才能成为真正意义上的阅读者。第七章将讨论故事在儿童学习中的地位，故事不仅是儿童学习阅读的素材，也是滋养儿童心灵的养料。

❓ 思考问题与实践

思考幼儿的图式及其写作发展，并回答以下问题：

1. 是否应该区分书写的形式和内容，并赋予其不同的价值，给予其不同程度的重视？

2. 幼儿书写的形式和内容与幼儿思维和行动等其他基础性的发展趋势之间，是否存在联系？

3. 这些问题对课程，以及对儿童学习中的成人角色有什么影响？

4. 思考如何与父母一起从事发展性的工作，才能帮助并支持幼儿以符合他们图式兴趣的方式来获得读写能力发展。

📖 拓展阅读

Athey, C. (2007) *Extending Thought in Young Children: A Parent-Teacher Partnership*

(2nd edn). London: Sage. [Especially Chapter 5, 'From marks to meanings: the language of lines'.]

Nutbrown, C., Hannon, P. and Morgan, A. (2005) *Early Literacy Work with Families: Research, Policy and Practice*. London: Sage.

Wollman-Bonilla, J.E. (2001) 'Family involvement in early writing instruction', *Journal of Early Childhood Literacy* 1(2): 167–92.

第七章

用故事培养儿童的思维

Nourishing children's thinking through stories

故事是人类经验的基础。儿童早期接触故事的经历可以帮助他们拓展思维，促进新的知识体系的形成和情感的健康发展。本章聚焦于童话故事在早期教育中的重要性，表明故事在促进儿童发展和学习上的潜在价值。许多例子都证明，早期接触童话故事对促进儿童思维、行为、态度和信念的发展发挥着重要作用。

早期教育中应考虑童话故事的两大方面：

1. 儿童文学的质量。确保把最好的文学作品提供给儿童，这一点非常重要。

2. 故事如同教师。故事中蕴含着大量的信息和激励因素，相对于机械地学习阅读技巧，儿童能从故事中学到更多的东西。

本章研究了可以作为"思维营养"的一系列故事，以此来验证并支撑本章所论述的观点。

儿童文学作品的质量

如果不花一些时间从学术的角度清楚地定义"质量"一词，或是对它定义得不够充分，那么谈论为儿童提供高质量的书就变得很困难了。本章中，对"质量"一词的可能解释应是：书中不能包含有关种族歧视和性别歧视的内容，插图精彩，文字生动晓畅。对质量直接下定义是一件复杂的事情。比如，谁来决定什么是"插图精彩"？怎样的文字对儿童来说是生动晓畅？在某种程度上，对于这些定义的看法都仅仅是个人观点而已。一些深受儿童喜爱并被认可的好书，可能在家长和老师看来并非如此。由于质量无法定义，加之我们希望书籍能够最大限度地为儿童提供机会，因此，当教师为儿童选书、读故事时，他们的选择就显得尤为重要。比起从前，现在的儿童文学作品为儿童提供了更多的选择机会，教师应确保教室中的书籍种类多样、范围宽泛，以免将儿童局限在某一种文学作品、书面语言和思想观点中。在各种幼托机构中从事5岁以下儿童教育的教育工作者，都有责任为儿童提供种类多样的文学作品，让他们共同分享、互相学习和欣赏。反之，则会剥夺儿童早期接触书面文字的机会。另外，如果仅为儿童提供从廉价书摊或书亭购买的书，也是不可取的。图书是早期教育中一个基本的学习工具，因此，图书应从目前出版的最广泛的书目中进行选择，而非从有限的、过时的书目范围中选择。

儿童图书的质量不仅在于倡导机会平等，对少数民族、不同性别和能力的各种正面人物的形象刻画；也不只在于处理巧妙、引人入胜的描述，或者充满诗意、令人难忘的段落转折，以及吸引眼球的故事线索。除了以上这些，儿童读物应该包括更多的东西。儿童需要的是可以滋养他们思想和情感的书籍，因为书籍的质量在于它所蕴含的情感、思想和知识。许多图书反映并肯定儿童的感受、挑战他们的思维，并展示人物体验的不同情感经历，如恐惧、哀伤、激动、热爱和失望等，这些都有助于支持和挑战儿童情感的发展。

沃森（1992, p1）向读者提出质疑：我们所说的儿童文学该如何定义？他认为将某一类文学归为"儿童的"是一个"不确定的概念"。对教育者来说，反思如何定义"一本好书"很重要，同样，儿童也需要有一定的自由和机会来决定什么样的书才是一本好书。为了使儿童在开始阅读文学作品时就能发展出他们自己的质量观，就需要尽可能地让他们阅读所能看到的最精彩、最神奇、最引人入胜的文学作品。图书能够为儿童展示生活中哪些部分是艰难困苦的，哪些情况是悲伤不已的，还有哪些是孤独的、令人激动的、感觉陌生的、富有挑战性的和令人恐惧的，也能够向儿童展示公平的重要性，激发儿童思考有关平等的问题，将他们置身于不同的世界——包括与他们自己有关和无关的世界。儿童和专业教育者可以在小组活动中分享故事，儿童和家人也可以在家中分享故事。图书不仅是儿童学习单词和了解所发生事件的工具，它还是儿童和成人之间分享爱与亲密体验的重要组成部分。

如果儿童有机会去分享故事、坚持读书，能够沉浸在他们觉得只属于自己的充满神秘幻想而又令人激动的故事之中，他们就能够逐渐分辨出书的质量好坏，能够决定并清楚地说明什么样的书对他们来说算是一本"好书"。教师有责任确保儿童在校阅读的文学作品（无论是他们自己读的还是别人读给他们听的）种类广泛、质量优秀，并有助于激发儿童的读书意愿，提高他们的思维能力。

儿童在早期教育中接触过的书籍或成人在特定时刻与儿童分享的书籍，必须能够点燃儿童心中热爱文学的火苗，并让这火苗在他们的成长过程中永不熄灭。要让书籍点燃儿童的热情，成人有责任为儿童的学习找到切实可行的方式——在教育方案中，不仅要将孩子们培养为阅读者，更要让孩子成为书籍的热爱者和人类经验的积极参与者。在儿童早期，分享故事不仅是为了学习阅读，同时也是建立彼此之间的关系：成人与儿童共同阅读时的关系、儿童与故事人物之间的关系。儿童文学作品能够支持儿童语言的发展，帮助他们学会倾听，同时通过有意义的内容鼓励儿童谈论有趣的事情。分享故事的经历能促使儿童根据自己读过和听过的熟悉和喜爱的故事，创造出属于他们自己的独特的文学作品。

对儿童来说什么是最好的书?

早期儿童教育提供给幼儿的一切都应该是最好的,儿童文学作品也一样。但定义什么是"最好的"并非易事。质量在很大程度上是一个关乎个体喜好的概念,它如同"美"这个概念,每个人都有不同的审美观。读一本书、分享一个故事往往是基于个人经验——一个儿童喜欢并愿意反复阅读的书可能会遭到另一个儿童的强烈拒绝。幼儿教育工作者不仅需要一系列好书和幼儿一起阅读,他们也需要有能力对一些问题作出决定:为什么选择某种书籍让儿童探索?为什么要读某些特殊的故事?为什么要避开其他的书籍?例如,数十年来深受幼儿喜爱的经典之作《野生动物在哪里》(Sendak, 1967),对一些儿童来说这是一个幽默并令人激动的幻想故事,而对另一些儿童来说却是他们不想触碰的令人恐惧的故事,他们幼小的心灵承受不了怪兽凶恶的眼神和咬牙切齿的可怕样子。但是,这样的书对于丰富儿童的经验来说仍然十分重要,因为儿童将自己的经历、观点、思想和感受融入自己所读的书中,同样,书也将内容中的观点、经历、信息和感情传递给了儿童。当儿童自己的经历与书中的内容有某种联系时,就会产生意义上的共鸣。儿童在读故事、听故事时的重要发现与他们所读、所听的故事之间的这种关系,是简单地听故事与真正地听故事并进行思考之间的重大不同。吸取故事中的精华并使之成为自己思维中的一部分,是儿童真正听故事活动的特征。

一些好书的典型特征可以被视为儿童早期读写经验的奠基石。20世纪90年代，米克（Meek, 1988）曾写了一些内容交织并具有多重含义的书，这些书所包含的内容不仅是单纯的文字，书中可能有两个或更多的故事，它们有不同层次的意义，不同的插图和时间，一个故事通过文本讲述，另一个故事，或者对这个故事的修饰，则继续在插图中进行表述。早期儿童教育工作者为儿童选书时需要设定自己的标准，以便为儿童发展语言、文学以及理解世界提供最多的机会。这些标准应该包括作品的质量、插图、语言风格、发展对文本独特理解力的机会（如音律感、标点、体裁）、内容和（这里必须提及）带给读者的愉悦感。

图书可以为儿童传达极具影响力的形象和信息，因此，为幼儿提供图书时必须谨慎选择。以下几本书已经通过检验，可以为儿童提供能够促进他们知识、观念、思维和情感发展的读写经验。

经典图画书《一个黑黑的故事》（Brown, 1983）一直以来都有力地证明了插图和精练的语言的力量。猫在文本中不曾出现，但它却是插画中经常出现的主要形象。这个故事的另一版本是《在一个黑黑的夜晚》（Prescott, 2010），它以老鼠作为旅途中的主要形象。《一个黑黑的故事》中，重复的魅力和读故事时的期待，被每个阅读这本书的人所熟知与享受：

从前有一片黑黑的旷野，

黑黑的旷野里有一片黑黑的树林,

黑黑的树林里有一座黑黑的房子,

房子的前面有一扇黑黑的门,

门后面有个黑黑的大厅,

黑黑的大厅里有黑黑的楼梯,

楼梯上有个黑黑的过道,

过道对面挂了个黑黑的帘子,

帘子后面有个黑黑的房间,

房间里有个黑黑的橱柜,

橱柜里有个黑黑的盒子,

黑黑的盒子里有……一只老鼠!

在家里和托儿所听了很多遍这个故事后,安妮(3岁7个月)写了自己的版本。(图7.1)她把四张纸用订书针钉在一起,在每张纸上画了个椭圆形。她把本子拿给老师,老师在每页写下了安妮的话:

封面　黑色的故事 作者 安妮

第一页　黑房子

第二页　黑老鼠

第三页　黑猫

封底　结束

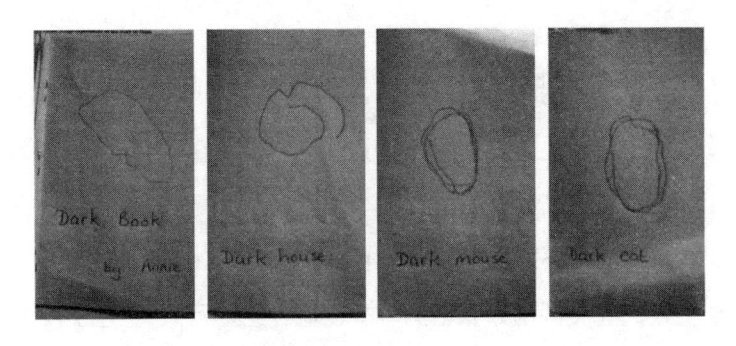

图 7.1 安妮的书

幼儿自己写书的例子表明，当幼儿被某些故事和想法深深吸引，并且幼儿已有的观念和新的概念相匹配时，这些概念是如何进一步拓展的。幼儿需要的是资源和信息，成人需要的是理解儿童，并拓展和支持儿童的努力与兴趣。

这些书（以及其他成百上千的书）都有各自独特的特点，每一本书都能为年幼的和年纪较大的读者提供一些独特的东西。这些书具有多层次性（Waterland, 1992）。儿童通过阅读、翻动以及拥有这样的书而受益良多。他们需要谈论这些书，需要在家里或小组活动中听成人读书中的故事，他们需要有与热爱故事和文学的人分享故事和书籍的经验。书籍和故事在任何有效的早期教育课程中都占有重要地位，它们能为儿童提供并补充长久的经验。

与书面故事一样，口头流传的故事中也包含了引人入胜、令人难忘的主题，这些都是发展和培养儿童故事感的重要经验。听者把自己的经历体验带入故事中，正如讲述者把他们对故事的理解传递给听者一样。

《裁缝的故事》讲的是一个裁缝得到了一块又大又长、质地上乘的布料，他之前从未裁剪过这样的布料，他用这块布料做了一件精致的长大衣，并为此感到非常骄傲。他一直穿着这件大衣直到破得不能再穿，但又不舍得扔掉它，于是他将大衣做成一件夹克（因为大衣上仍有一些地方完好无损）。过了段时间，夹克也被穿破了，于是裁缝又用夹克上一些不太破的布料做了一件马甲。后来，马甲被改成了帽子，随之帽子又被改成了领带。最终，当这块大布料被一次次做成越来越小的衣服时，裁缝意识到他领带上的好布也磨损光了。但是，领带上还有一小片布磨损得不太严重，裁缝就用它做了一个他能做出的最小的东西——纽扣，这也是他做过的最好的纽扣。

故事叙述方面引人入胜的设计（在这里，不是指缩写的版本）包含两个主题：一个是越来越小的尺寸，另一个是这位手艺人的自豪与喜悦。第一个主题可以发展儿童关于尺寸和顺序的数学概念，第二个主题则表达了创造和拥有美好事物的自豪和喜悦之情，并且不想与之分离。类似这样的主题反复出现在许多故事中，为儿童对"一物包含一物"的图式兴趣搭建了桥梁。讲故事是许多文化的重要组成部分，也是向人们传递历史、法律和传统风俗的一种途径。对生活在犹他州、亚利桑那州、科罗拉多州和新墨西哥州部分地区的土著美国人来说，讲故事这一传统很重要。他们制作出"说书者"——讲故事用的陶土娃娃模型，这些人物张着嘴巴好像在讲故事，许多儿童坐在这些娃娃的膝盖上、脚边，靠在它们的肩膀上听故事。传统的部落故事通过讲给年纪最小的幼儿而得以传承，有关的传统风俗和历史也通过反复的讲述而得以代代相传。传统故事经常包含固定的模式，具有重复性，并包含一定的信息与经验，意在为听者提供生活指导。

图画书和立体图书

许多书籍都有吸引眼球的插图和某些可以活动的部分。许多故事的插图都非常模式化，很简略，但文本却讲述了丰富的内容、曲折的情节等对儿童具有吸引力的故事。例如，一些书因其极好的纸张技术而吸引儿童，像《我再也不会吃一个西红柿》（Child, 2007）、《猫鼬邮件》（Gravett, 2007）和《小老鼠的恐惧大书》（Gravett, 2008）这样的书，可以激发儿童和成人之间的动态交流。同时，成人也需要培养相应的观察力，这样才能敏锐捕捉到儿童认为书中重要的东西。

图画书和含有精美手工的书能够激发儿童设计和创造他们自己图书的欲望，插图和折叠画是这些书的主要特征。例如《点在哪里》（Hill, 2003）、《贾斯珀的豆茎》（Butterworth, 1997）、《蓝色气球》（Inkpen, 2001），还有一些小惊喜，如《愉快的邮差》（Ahlberg and Ahlberg, 1999）里的字母和《猫鼬邮件》里喜出望外的惊喜。《猫鼬邮件》这本书讲述了猫鼬因厌倦沙漠而开启了自己的旅行，并在每个目的地都寄送明信片的故事。

> 6岁的乔茜自己做了一本《愉快的邮差》。她把纸张订在一起,并在封皮上贴上信封。一周后,她为书中的人物写下各种各样的字母,配上插图,她还编了一首儿歌,在翻页时可以将这些不同的字母连接起来。

用故事教学

儿童可以从故事中学到很多东西。家长、教师和其他早期儿童教育工作者常常寻找那些能帮助孩子在生活中克服困难、面对挑战的书。《我永远爱你》(Wilhelm, 1999)讲述的是一个小男孩和他最爱的小狗的故事。随着小狗逐渐长大,直到死去,故事中小男孩的悲伤也感染和牵动着每一位读者。与之类似,《总是和永远》(Durant and Gliori, 2004)表达了当你爱的人去世时,他们同时也留下了一些珍贵的东西。

许多专为儿童所写的书都通过图案和文字想象来表达强有力的信息。《鲁西的旅行》(Hutchins, 1969)一书,虽然它古早的背景设定已经过时,但它仍是受人喜爱的经典之作,与文字相比,书中的图画传递了更多信息。这本书的主要人物是鲁西、母鸡和狐狸。文本中有32个字,未提及狐狸,但是如果插图中没有狐狸,《鲁西的旅行》可能就会变成另外一个不同的故事。米克(1988),结合与一个正在读这本书的孩子的互动交谈,认为文本与插图之间的相互作用是非常重要的。同时，她认为意义的双重性是通过文字和图画共同传达出来的。

前几章，我们讨论了儿童思维的形式和内容。本章则认为，故事是促进儿童发展和活跃儿童思维的丰富资源，同时也是一种不可或缺的教学资源。儿童的学习模式能够通过贯穿于故事中的多种主题而得到丰富。一般来说，许多故事中会出现一些不同的主题，潜藏在故事内容中的结构和副主题也能够被明确地发现。在儿童故事中，空间和位置概念非常重要（Watson, 1992, p11）。沃森指出《汤姆的午夜花园》（Pearce, 1958）一书中，关于基础空间的潜在结构描述需要受到重视——"大敞的门、窗户、篱笆口"。同样，《爱丽丝梦游仙境》（Carroll, 1865）和《透过镜子爱丽丝发现了什么》（Carroll, 1871）这两本书，讲的都是关于不断变换尺寸大小的迷宫故事，而且还包含了颠倒、前后、上下的经验。

诸如里边、上下、旋转、围绕、旅行等潜在的结构和主题，在儿童文学中是非常普遍的。以下几个例子讲述的就是儿童在实践中是如何对这些故事经验做出回应的。

故事中的"内部"

幼儿在生命的不同时期，似乎都对在里面或把东西放在里面的想法和经验感兴趣。在里面、躲起来、包裹东西、把物品藏起来等，这些很明显都是幼儿情不自禁的行为。许多故事以不同的方式丰富着"内部"这一主题。尽管以下故事中"内部"这种思维的形式是一样的，但涉及的内容却很广泛。因此，这些故事可以用来激发和扩展儿童的思维，扩充儿童的知识。同时，它们也是重要的教学资源。

里面——里面——里面

故事可以培养大小递减等数学概念的发展。这样的故事通常都涉及一个或多个物体被包含在其他物体中，同时它们又被包含在更大的物体中。这一概念相当于文学上的俄罗斯套娃玩具，每打开一个套娃，它的里面就会有一个更小的套娃，直到看到最小的套娃。像路斯·布朗的《一个黑黑的故事》和《有趣的骨头》（Ahlberg and Ahlberg, 1982）都属于这一概念范畴的故事。

艾希（2007, p194）提道："大部分的6岁儿童都热衷于将现实世界里的东西按大小顺序排列起来。但是每个儿童的现存图式所吸收转化有意义内容的量，以及所吸收的内容都是不同的。"这种思维模式也有助于促进较大儿童思维的发展，使他们能够意识到，在他们所处的空间之外还有更大的空间，以及他们自身在空间中所处的位置。这使得儿童能够通过添加内容来描述自己家的位置，例如：伦敦，英格兰，英国，欧洲，地球，太阳系，银河系，宇宙，无限广阔的空间。即使是教育专家也同意以这种方式编写他们的学校课本。卡尔讲述了他13岁时在学校课本里写的东西：

几年前，我在妈妈的阁楼上清理书籍时，看到了一本旧的历史课本，于是我翻看扉页，读到了我曾经写在那儿的话。

沃尔夫·卡尔

贝瑞斯福特街97号

摩斯道

曼彻斯特

兰开夏郡

英格兰

大不列颠

联合王国

欧洲

世界

太阳系

宇宙

这种朴素的宇宙论在1957年就已普遍存在,现在依然是一种深受儿童喜爱的解决自身早期位置缺失感的手段——儿童通过将自己置于熟悉和已知的现实世界,来解决自己早期的位置缺失感。(Carr, 1995, p18)

这种"一个人所处位置"的概念也很吸引小说家们。阿塔·达卫斯在小说《悠长假日》中的地址就遵循了相似的形式。我的一本英语课本里就有下面这些从我家和街道名开始逐渐扩大范围的内容:

圣艾夫斯

康沃尔

英格兰

英国

欧洲

世界

宇宙

银河系

无限空间

包裹——许多事物被包在里面

其他吸引儿童的有关"内部"的概念还有"大小合适",与之关联的是"单独封闭"的东西,如一座房子、一个书包、一个盒子,我们可以往这些物体里添加许多东西。正如玛丽·波宾丝背的包,她的包中可以倒出各种各样大大小小的东西,而在现实情况下,一个包的容量是放不下这么多物品的。与之类似的是《巫婆登上帕丁敦站》(Sheldon and Smith, 1998),这个故事讲述了一个快乐的女巫在雨天坐上了一辆拥挤的公交车。当她和脾气暴躁的售票员争执时,她的包破了,包里倾泻出来了很多奇妙的东西,充满了整辆公交车,旅客们非常开心:

有一个蓝月亮,有一些粉色的星星,
有一个喷泉,有两只巨嘴鸟,

有三只鹦鹉,有四只小猫,

还有五个花园守护神。

《雪夜》(Butterworth, 2003)讲述了一个公园守门人珀西的故事,在一个寒冷冬天的雪夜,他待在自己舒适温暖的屋子里。生活在公园里的动物们一个接一个地来到他的屋子,请求他让它们进屋取暖,远离寒冷冬夜的侵袭。珀西安排一只松鼠、两兔子、一只狐狸、一只獾、一只刺猬和几只老鼠睡在他的床上。最终,这些动物都找到了温暖舒适的地方:睡袍口袋、大衣口袋、抽屉、羊毛帽子和拖鞋。

> 3岁的雪莉在家听完这个故事后,用两种方式演绎了这个故事。首先,她把她的玩具老鼠藏进了爸爸的拖鞋里,爸爸发现玩具老鼠后,她说:"因为下雪了,老鼠就要藏起来。"然后,她画了一个长方形,在长方形里画了几个椭圆,又在外面画了一个椭圆。她说:"这个长方形是房子,动物在里面,但是鼹鼠在外面。"

雪莉从故事中选择了对她来说有意义的部分,然后对其进行演绎,先是通过动作,然后通过画画来表达。比如,她的语言里使用了"藏"和"里面"这样的词,这也与她的行为相匹配。

> 4岁的阿利斯泰正在复述他最喜欢的故事《晚餐时分》(Pienkowski, 2000)。在这个故事中，各种动物依次吞掉前面一个动物，它们分别是：苍蝇、青蛙、秃鹫、大猩猩、老虎、鳄鱼和鲨鱼。阿利斯泰一边重复故事里的句子"我要吃了你，把你当作我的晚餐"，一边模仿每一个动物的声音。后来，阿利斯泰又用另一组动物玩具表演了这个故事。他把动物玩具按照从小到大的顺序排列好，从小兔子到大象，并依次为每个动物说"台词"。他告诉老师："它们必须吃比自己小的动物，不然这些动物就进不到肚子里面。"

故事里的每一个重复概念或短语都有助于儿童形成排序思维，如《噢，亲爱的！》(Campbell, 1992)一书。重复和模式化的故事可以帮助儿童预测故事情节的发展，并积极进行故事创作。

以"内部"这一概念为主题的传统故事包括吞掉苍蝇的老妇人之歌，《杰克建的房子》《彼得和狼》，还有《住在鞋子里的老奶奶》等。

包裹的类型

像《我的礼物》《噢，亲爱的！》《亲爱的动物园》(Campbell, 1988, 1992, 1997)和《愉快的邮差》(Ahlberg and Ahlberg, 1999)这样的

故事，以及像《三只小猪》这样的传统故事中，都包含着不同类型的包裹主题。许多故事都包括"吞掉"这一概念，如《小红帽》《三只不友好的公羊》，以及伊索寓言里《狼和它的影子》等。还有一些故事讲述了幽深密闭的森林，如《睡美人》。同样，圣经故事《约拿和鲸鱼》讲述了约拿被鲸鱼吃掉，在其肚子里待了三天三夜，最终被鲸鱼吐出回到陆地的故事。"诺亚方舟"是另一个旧约故事，它最主要的特征就是一个包裹物（方舟）里有许多不同的动物。《旧约全书》中约瑟的故事也包含许多包裹的概念，该故事因改编的音乐剧《约瑟的神奇彩衣》而倍受欢迎。威廉姆斯重新改编了这个故事，叫《约瑟和他的多彩魔衣》（Williams, 1998），故事中的约瑟经历了多种类型的包裹：他的魔衣、很深的矿井和牢房等。

包裹——多种用途

以诗歌形式呈现的《杰克的篮子》（Catley, 1989）讲述了随着时间的推移，杰克的篮子呈现了不同的用途：出生几个月时的小床、一个羊毛篮子、假想的玩具车或船、野餐篮子、洗衣篮子、在花园采摘苹果的篮子，最后，这个破旧不堪的篮子变成了花棚里老鼠的家。在《皮毛》（Mark and Voake, 1996）这个故事中，一只猫做了一系列的窝准备生小猫，它用了一顶帽子、橱柜里的一个篮子和一条裙子。最后，帽子里沾满了毛，小猫出生了。玛雅（4岁6个月）非常熟悉这个故事，她用黏土做了个帽子，并向她妈妈解释："我做了个帽子，明天，帽子里就会有小猫出生,但是它们现在还在妈妈的肚子里呢。"当儿童对时间概念有了进一步的理解时,他们就会意识到在有些事情发生之前,还需要等待一段时间。玛雅知道,母猫生小猫之前需要等待一段时间。故事里,做帽子这事件就反映了她的认知水平。

许多儿童故事以包裹和礼物为主要特征。《一个下雪的夜晚》(Butler and Macnaughton, 2004)就是这样的故事,它讲述的是一顶帽子被作为礼物送给刺猬的故事。这顶帽子经过重新包装,在森林里的动物之间作为礼物相互传递,最终,又到了刺猬这里,虽然现在帽子对它来说太大了,但却可以完美变成一个舒适的窝。《魔术盒子》(Cleminson, 2010)讲述的是一个盒子到了一个小女孩跟前,这个小女孩跳进去,随后从盒子里制造出许多不同的东西。《奇怪的蛋》(Gravett, 2008)讲述了许多不同种类的鸟都在孵蛋,后来一只鸭子发现一个破壳的蛋里竟然是一只鳄鱼!

覆盖

探索和表达"覆盖"这一主题有许多途径:将几个物体叠在一起、做遮盖物、伪装和打扮等。之前提到的很多故事都可以继续丰富这一主题。很多故事里都有几个与覆盖相关的概念,这些概念以不同的方式与儿童的兴趣和想象建立起联系。

安徒生的童话《皇帝的新装》对于那些想去理解什么是衣服和覆盖(以及什么是被骗)的儿童有着很强的吸引力(Anderson, 1992)。能够想象这一情景的儿童可能会发现,居然有如此多的人愚蠢地相信皇帝是穿着衣服的,这是多么可笑的事情啊!《晚安,宝贝蝙蝠》(Gliori, 2007)的故事情节设计非常引人入胜。它讲述的是小蝙蝠不想睡觉,而其他动物们早已在它们各式各样温暖的窝中入睡的故事。

儿童热衷于穿上服装扮演不同的人物角色。他们非常喜欢扮演,去创造跟他们日常生活完全不同的角色,这些角色可能更强大、更奇特,也可能比他们自己更弱小。有关装扮或化装的故事可以滋养和拓展儿童对覆盖、被包裹概念的认识,也可以使儿童在扮演不同角色与探索新身份的过程中产生害怕和激动的感受。下面的两个动物故事通过呈现不同的覆盖方式,描述了事物之间潜在的不同。《花格子大象艾玛》(McKee, 1990)讲的是一个全身五颜六色的大象给自己的身体覆盖了一层灰色的泥巴,使自己看起来与其他大象一样,这样就可以使自己被同伴们接纳。这是一个有关个体差异和需要被同伴接纳的故事。它表明一些假扮可以非常有效(或者完全无效)。《好脏的哈利》(Zion and Bloy Graham, 1992)这个故事也展现了人们对那些看起来与众不同的人或事的反应。

对儿童而言,假扮这一想法能激发他们强烈的兴趣。在给一组4岁的儿童讲完《花格子大象艾玛》和《好脏的哈利》之后,教师发现,孩子们将故事中的"覆盖"主题延续到了当天下午的游戏中。一个儿童从衣柜中拿出一些布条披在身上,来到其他孩子跟前,模仿故事里人物的声音,让这些孩子猜自己模仿的是谁,或者声称自己是一个完全不同的人物。教师建议他们戴上面具,这样可以装扮得更像故事中的角色。材料备齐后,孩子们兴致盎然地和老师一起制作不同角色的面具。后来,孩子们很喜欢让朋友和父母看到他们戴着面具扮演的样子,给看他们的人带来惊喜和困惑,这使得孩子们乐在其中。

上和下

许多故事都包含"垂直运动"的概念,涉及增加高度或解决与高度相关的问题。下面这些故事以及儿童对这些故事的反应表明,各种各样的概念都可以通过这一主题进行介绍。许多传统故事都包含高度的概念,以及征服高度的内容。例如,杰克爬上豆茎遇到了巨人,得到了财富,收获了幸福。长发公主放下她的长发,让她的追求者顺着长发爬上来与她约会。

插图作者用多种不同的方式表现高度的变化。谢利·休斯的图画书《一上再上》(1991)用详细的插图讲述了一个小女孩对小鸟飞翔十分着迷,于是自己也尝试了飞翔的故事。首先,她做了一对翅膀,爬到云梯顶端起飞(一下子突然落地)。紧接着,她吹了一些气球,紧紧抓着气球上的绳子飞出去,结果气球爆炸,她再一次落地。这时,一颗巨大的巧克力蛋被送到了她的屋子,吃了这颗巧克力后她似乎能飞起来了。故事就从她的飞翔开始继续进行(可以续编很多故事)。

这个故事可以让儿童自己续编故事。儿童可以猜测小女孩为什么想要飞翔,她还可以做哪些关于飞的尝试,也可以问:"巧克力真的能让你飞起来吗?"正如下面这些例子所展示的,他们可能会用自己的方式讲述故事,在故事中融入自己的兴奋、恐惧和期待等情感体验。下面这段文字是一个小女孩自己讲述的故事。她从书中一幅特别的插图讲起,她对这幅插图非常感兴趣,并根据自己的生活经历来构建整个故事,这一点对她来说非常重要。通过跟她的交流,教师尝试思考这个小女孩的故事背后所反映的儿童语言和思想的发展,而不是通过新的提问把成人的思想强加于她。

> 露西:她正在上升,上到房顶。
>
> 教师:她上升到了房顶,她越来越高。
>
> 露西:我觉得她很快就到天堂了。
>
> 教师:你认为她能到天堂吗?
>
> 露西:对,她上升的高度足够到天堂了,那就是人们追她的原因。
>
> 教师:人们追她是因为她要飞到天堂那么高的地方吗?
>
> 露西:是的,像天堂一样高,人们不想让她去那么高的地方!
>
> 教师:他们不想让她去天堂那么高的地方吗?
>
> 露西:如果你去了天堂那么高的地方,你就被困住下不来了。你可以到那儿,但是你回不来了。我的

> 兔子就是这样的。飞机可以飞很高,但是飞不到天堂那么高的地方,所以它们没事。我之前乘飞机去度假,虽然我在天上待了很久,但是飞机没去天堂。

图画书《一上再上》为小女孩讲述自己的故事提供了思路。这本书和教师的反馈性言语都促使小女孩能够讲述自己所编的故事。在她幼小的心灵中,已经开始理解死亡和分离的概念,她还用自己的兔子去了天堂这事件来解释她对这两个词语的理解。对她来说,去天堂并不意味着死亡,而是分离,她心爱的小兔子只是因为被困在了那个地方而回不到她的身边。这时,教师交流的重点在于,让露西讲述自己的故事,而不是问"为什么""怎么样",或者强加自己的观点、提新问题等。教师应该为幼儿创造一个空间,让他们用自己的语言和思想讲述自己的故事。

许多故事都涉及尺寸增加这一概念,并与其他概念一起穿插于故事中。《蒂奇》(Hutchins, 2001)这个故事表达了许多儿童的感受和经历,这些儿童通常是家庭中最弱势的人,或许正因如此,这个故事才经得起时间的考验。故事中,对他人来说,蒂奇似乎总是在其他人面前扮演着不太重要的角色。最终蒂奇心里种下了一颗小小的种子,那就是成长、成长、成长……《贾斯珀的豆茎》(Butterworth, 1997)这一故事的主题同样是等待和成长，故事的结尾关联了杰克和豆茎的故事，强调了高度和成长的主题。《被锁在家里的阿尔菲》（Hughes, 1982）讲述的故事是，一个小孩需要解决身高不足所带来的问题。这个故事描述了童年不幸带来的阴影、成人的焦虑和最终问题是如何解决的。

在《泰迪熊盗贼》（Beck, 1989）中，汤姆追赶偷了他泰迪熊的巨人：

> 他顺着巨人强壮的胳膊滑下来，纵身跃到巨大的铁钥匙上，然后从巨人一条强壮的大腿上滑下去……他们来到了巨人的城堡。汤姆随着巨人爬上陡峭的台阶……高点，再高一点，再高一点，越来越高……直到来到一个巨大的门前……

故事中"高点，再高一点，再高一点"这些词与图画穿插相配，为读故事和听故事的幼儿清楚地描绘了这一场景。《淘气的公交车》（Oake and Oake, 2004）一书中充满了激动人心的图片，以及与垂直和下落运动相关的动态想象。它讲述了红色的玩具公交车在一天中经历的许多事情，为关注垂直运动轨迹的儿童提供了许多可以谈论的话题。

在一些传达"上和下"以及高度增减概念的故事中，有些情节需要具备特定的知识才能被充分理解。比如，理解上下颠倒性质的儿童才有可能欣赏《愚蠢的蝙蝠》（Ross and Willis, 2006）这个故事中的幽默和不拘一格，故事里，蝙蝠对世界的看法与它的其他动物朋友截然不同。对传统故事《豌豆公主》(Child, 2006)和《杰克与魔豆》(Vagnozzi, 2004)的重新讲述很有可能吸引对高度增加感兴趣的儿童。同样，儿童需要理解位移这一概念才能完全理解伊索寓言中《狐狸与葡萄》这一故事的真正含义。

旅行和去旅行

儿童故事中旅行和去旅行这两个概念，常常以儿童在两个不同连接点之间的旅行展开。例如，在他们的房子和朋友房子之间的旅行。不论是在家附近，还是在当地某个区域或是跨洲旅游，有关旅行的故事都与儿童对轨道这一概念的兴趣有关（即从A点到B点的移动）。旅行和去旅行的主题可以培养儿童"反复来回"的图式，通过想象和现实体验增强儿童对"来和去"的理解。儿童文学中有大量的作品支持这一主题。

在《回家的路上》(Murphy, 1982)一书中，克莱尔遇到了各种各样的朋友，他们都问她是怎么把膝盖弄伤的，这就使得她有机会讲述自己编的许多富有想象力的故事。最后，在回到家后，她告诉了妈妈事情的真相。克莱尔通过把自己编写的故事带入整个故事中，将一次简单的膝盖擦伤后的回家之旅变成了一个具有奇幻色彩的冒险经历。《抱紧点儿，熊》(Maris, 2001)讲述了一些玩具步行去森林里野餐的故事。"翻过山丘，跨过小溪，来到了树林附近的草地上……小熊走在高高的树下，穿过凉爽幽静的树林……"故事中描述旅行的段落给儿童提供了一些有关地图绘制和地图作品的语言。这个故事也包含了方向、位置、空间和地点的概念。

《豌豆》（Cullen and Rickerty, 2009）讲述了豌豆从农场来到盘子里这一段漫长的旅行。《小老鼠大城市》（Prescott, 2009）讲的是一只小老鼠离开自己的家乡去老鼠城市旅行的故事，书中配有小老鼠旅行和高楼大厦的插图。《南瓜汤》和《一罐辣椒》（Cooper, 1999, 2007）讲述的是一只鸭子旅行的故事。这只鸭子先寻找愿意让它作厨师长的朋友，然后再去买一些辣椒来做南瓜汤。如今，一些有关旅行的故事已经变成了家喻户晓的经典之作。《野生动物在哪里》（Sendak, 1967）和《雪人》（Briggs, 1980）讲的是两个男孩经历的梦想之旅。读者在阅读过程中必须给出判断：这一切是梦境还是幻想？毛里斯·森达克（1967）描述了麦克斯经历的一场穿越时空的旅行，这也是他追寻野生生物的一场冒险之旅。麦克斯乘着自己的小船旅行：

> 他夜以继日地航行，
>
> 一周又一周，
>
> 几乎快一年，
>
> 才来到野生生物的所在地。

《嘿！下火车》（Burningham, 1991）讲述的是另一个梦中旅行的故事。故事中，一个小男孩和他的睡袋狗乘坐火车穿过大雾，忍受高温，遇见大风，渡过沼泽，遭遇大雨，穿过森林，经历大雪，在路上还拯救了濒危物种。《我们去猎熊》（Rosen and

Oxenbury, 2005) 讲述了一次旅行的故事。主人公结束旅行回家后，把去过的地方在地图上一一做了回顾。

对位置和旅行感兴趣的幼儿常常创作自己的地图、图表，再现他们去过的空间和位置。

> 柯斯蒂对空间和位置概念，特别是从一个地方去另一个地方这种概念非常着迷。她用小木砖建造出自己所在社区的环境，给每个建筑物都做了标记，如"我的家""琼阿姨的家""托儿所""亚当的家"。她用玩具小人代表不同的人物角色，将它们从一个地方移到另一个地方。她的语言为她的思维和行动提供了动态解说：
>
> 柯斯蒂玩具小人：我准备去琼阿姨家。
>
> 妈妈玩具小人：（反对）你不能自己一个人去。
>
> 柯斯蒂玩具小人：我可以，我不会和狼说话的。
>
> 妈妈玩具小人：那好吧，但是不要在森林里摘花。（柯斯蒂拿着玩具娃娃，将它绕过她的木砖房子，去往亚当的家）
>
> 柯斯蒂玩具小人：咚咚咚，亚当，要和我一起玩吗？（亚当玩具小人加入了这个游戏。柯斯蒂一手拿着亚当玩具小人，另一只手拿着代表自己的玩具小人，

一边将两个玩具小人绕过她搭建的木砖村庄,一边继续讲故事。)

柯斯蒂玩具小人:我们一起去琼阿姨家吧?

亚当玩具小人:好呀。

柯斯蒂玩具小人:现在,我们到了。咚咚咚(没人答应)。

亚当玩具小人:她不在家。

柯斯蒂玩具小人:好吧,我们不能去树林里了,因为狼会吃掉我们的。(柯斯蒂又带着玩具小人们走来走去,自顾自地哼着歌。她带着它们穿过木砖围墙的各种缝隙,最后回到自己的房子里。)

柯斯蒂后来画了一幅画,取名为《我的房子》。画中的房子由四个正方形区域组成,彼此之间用圆点组成的线条连接起来。柯斯蒂指着画中对应的地方,告诉老师:"我的家,琼阿姨的家,亚当的家,托儿所。"紧接着,她的手指顺着圆点组成的线条,说:"这是我们去托儿所的路。我们先到亚当家,然后穿过这里,再顺着这边一直走到那边,路过电话亭就能看见托儿所了。"

柯斯蒂能够在地图上展示出去托儿所的路线,这一能力源于她对自己周围环境的了解、她的生活经历、对故事的理解、听故事的经验、她对用符号表征事物的理解，以及用符号表征事物的技能。相比麦克斯、与雪人一起飞翔的男孩，还有去城市看望表兄妹的乡村老鼠的旅行经历，柯斯蒂的旅行可能没有那么精彩，但却基于她自己的经历，也可能是由她听过的所有故事组合而成的。

故事和课程

故事作为教学资源的巨大潜力早已被证实。故事可以丰富更多传统课程的学习，如数学、科学、历史、地理等学科，故事还可以培养儿童学习和发展中的其他重要因素，如《一直爱你，永远爱你》（Durant, and Gliori, 2004）和《小老鼠的恐惧大书》。然而，这些因素却常常被那些制定国家课程政策的人所忽视。同样，像《嘿！下火车》这样的故事可以用来强调环境破坏对人类及感情因素的影响。故事是帮助儿童确定和认识自己情感的重要资源。

儿童的学习方式并不会因为国家政策或规定课程的变化而改变。对课程内容的正确理解有赖于课堂练习，有赖于教师与儿童的互动，有赖于具有激励性和挑战性的学习资源和学习经历，有赖于以学习者和学习为中心的教学方法。故事是课程内容的重要资源，经过充分且巧妙的探索，故事就能够找到与幼儿思维的契合点。

不论在什么样的背景下，教师都可以借助故事为幼儿描述丰富多彩的世界，并以此滋养幼儿的思维发展。幼儿需要一个为他们精心制定的适合他们的课程，课程中应该包含各种各样的故事和丰富的故事经历。通常情况下，一个"自然的"早期教育课程必须包含丰富的故事：来自不同文化的神话、传说和传统故事，来自儿童所在地区的历史，还有希腊神话、伊索寓言、圣经故事和阿南西故事等。讲故事、读故事、复述故事和重新演绎故事是施泰纳·华德福教育中最常见的练习（Drummond and Jenkinson, 2009），它成了幼儿的另一个"教师"，为幼儿打开了思想之门，带他们领略更为广阔的世界，丰富他们内心的故事世界。

作为思维养料的故事

在儿童早年，故事是学习材料的重要资源。许多书帮助儿童们形成多种图式，儿童们也经常在书中发现一些成人不能立即关注到的东西。这有助于形成故事索引，索引可以表明故事所支持的图式，同时为拓展儿童的活动提供思路。表7.1表示了故事是如何被编入索引的。工作人员可以为每一个他们使用的故事建立一页记录，然后将这些记录保存在文件夹中以供其他同事使用和添加故事。

在接下来的几页，涉及不同概念、话题和图式的书会被列在一个大主题下，这些主题已经在本章中讨论过，同时它们也贯穿在整本书中。这样的主题能够提供有益的课程内容，激发儿童的兴趣和想象，这也说明了来自故事中的广泛内容可以培养儿童某些特定的思维。表格中列出的各种主题故事已经在本章做过讨论：内部和覆盖、上和下、旅行和去旅行等。这些推荐书籍并不是最全面的，但是它们可以扩展故事所提供的材料范围，使材料内容更有深度。

表 7.1 有助于幼儿学习的故事

书名	一个下雪的夜晚
作者	M. 克里斯蒂娜·巴特勒
插图作者	蒂娜·麦克诺顿
出版社	小老虎出版社
出版日期	2004
出版地	伦敦
ISBN	978-1-84506-030-5
故事梗概	一个下雪的平安夜，圣诞老人送给刺猬一项帽子作为圣诞节礼物。但是对刺猬来说，这项帽子的大小不合适，于是它把帽子裹起来送给兔子。兔子又将帽子送给獾，獾又将它给了狐狸。狐狸把一只又冷又累的小刺猬放进展开的帽子里，小刺猬全蜷伏在里面很快就入睡了。
故事包含了哪一图式？	包裹和覆盖
怎样将故事中的图式在课程内容中拓展？	• 其他包含包裹图式的故事： Butterworth, N. (2003) *One Snowy Night*. London: Picture Lions Griffiths, N. (2005) *No Room for a Baby Roo!* Swindon: Red Robin Books Armitage, R. and Armitage, D. (2008) *The Lighthouse Keeper's Picnic*. London: Scholastic • 包包裹 • 发现收集的帽子的不同用途 • 你能在帽子里装多少东西？

主题图式对应的儿童文学作品列表

内部

里面——里面——里面

Ahlberg, J. and Ahlberg, A. (1982) *Funny Bones*. London: Picture Lions.
Andreae, G. and Caggan, V. (2002) *There's a House Inside My Mummy*. London: Orchard.
Brown, R. (1983) *A Dark, Dark Tale*. London: Red Fox.
Pienkowski, J. (2000) *Dinner Time*. London: Gallery Five.
Traditionl tale: 'Peter and the Wolf'.

包裹——往里面增加数量

Allan, P. (1990) *Who Sank the Boat?* Harmondsworth: Picture Puffin.
Burninghan, J. (1992) *The Shopping Basket*. London: Jonathan Cape.
Burningham, J. (2001) *Mr Gumpy's Outing*. Harmondsworth: Puffin.
Butterworth, N. (2003) *One Snowy Night*. London: Picture Lions.
Cousins, L. (2003) *Noah's Ark Play Set*. London: Walker Books.
Inkpen, M. (1993) *Kipper's Toybox*. London: Hodder.
Pienkowski, J. (2003) *The Animals Went in Two by Two*. London: Walker Books.
Roffey, M. and Wyllie, S. (1989) *There Was an Old Woman …* London: Harper Collins.
Waddell, M. and Lord, L. (2009) *The Dirty Great Dinosaur*. London: Orchard Books.
Old Testament story: 'Noah's Ark'. Illustrated and retold by Marcia Williams (1998) in *The Amazing Story of Noah's Ark*. London: Walker Books.
Traditional tale: 'The Old Woman who Lived in a Shoe'.

包裹的类型

Ahlberg, J. and Ahlberg, A. (1999) *The Jolly Postman or Other People's Letters*. London: Heinemann.
Armitage, R. and Armitage, D. (2006) *The Lighthouse Keeper's Lunch*. London: Scholastic.
Armitage, R. and Armitage, D. (2008) *The Lighthouse Keeper's Picnic*. London: Scholastic.
Armitage, R. and Marlow, L. (2010) *A Very Strange Creature*. London: Orchard Books.
Blackstone, T. and Harter, D. (2008) *Bear at Work*. Bath: Barefoot Books.
Campbell, R. (1988) *My Presents*. London: Campbell Blackie Books.

Campbell, R. (1992) *Oh Dear!* Harmondsworth: Puffin.
Campbell, R. (1997) *Dear Zoo*. Harmondsworth: Puffin.
Cleminson, K. (2010) *Box of Tricks*. London: Red Fox.
Dr Seuss (2009) *The Cat in the Hat*. London: HarperCollins.
Gliori, D. (2007) *Goodnight Baby Bat*. London: Random House.
Gravett, E. (2008) *The Odd Egg*. London Macmillan.
Griffiths, N. (2005) *No Room for a Baby Roo!* Swindon: Red Robin Books.
Hill, E. (2003) *Where's Spot?* London: Heinemann.
Mark, J. and Voake, C. (1996) *Fur*. London: Walker Books.
Satoshi, K. (2000) *What's Inside? The Alphabet Book*. London: Anderson Press.
Sieveking, A. and Lincoln, F. (1989) *What's Inside?* London: Frances Lincoln.
Aesop's fable: 'The Fox and the Grapes', in M. Clarke and C. Voake (1990) *The Best of Aesop's Fables*. London: Walker Books.
Old Testament story: 'Joseph and his Coat of Many Colours'. Illustrated and retold by Marcia Williams (1998) as *Joseph and His Magnificent Coat of Many Colours*. London: Walker Books.
Traditional tale: The Three Little Pigs

包裹——多种用处

Butler, M.C. and Macnaughton, T. (2004) *One Snowy Night*. London: Magi.
Prater, J. (1987) *The Gift*. Harmondsworth: Puffin.

覆盖

Anderson, H.-C. (1992) 'The Emperor's New Clothes', in N. Ash and B. Higton (eds), *Fairy Tales from Hans Anderson – A Classic Illustrated Edition*. London: Pavilion Books.
Gliori, D. (2007) *Goodnight Baby Bat*. London: Random House.
McKee, D. (1990) *Elmer*. London: Andersen Press.
Old Testament story: 'Joseph and his coat of many colours'. Illustrated and retold by Marcia Williams (1998) as *Joseph and His Magnificent Coat of Many Colours*. London: Walker Books.
Zion, G. and Bloy Graham, M. (1992) *Harry the Dirty Dog*. London: Red Fox.

上和下

Alborough, J. (2006) *Tall*. London: Walker.
Butterworth, N. (1997) *Jasper's Beanstalk*. London: Picture Lions.
Child, L. (2006) *The Princess and the Pea*. London: Puffin.
Cleminson, K. (2010) *Wake UP!* London: Red Fox.
Hughes, S. (1991) *Up and Up*. London: Red Fox.

Hutchins, P. (2001) *Titch*. London: Bodley Head.
Inkpen, M. (2001) *The Blue Balloon*. London: Hodder.
Murray, A. and Snow, A. (2005) *On a Tall, Tall Cliff*. London: HarperCollins.
Ross, T. and Willlis, J. (2006) *Daft Bat*. London: Anderson.
Vagnozzi, B. (2004) *Jack and the Beanstalk*. Swindon: Child's Play.
Aesop's fable: 'The Fox and the Grapes', in M. Clarke and C. Voake (1990) *The Best of Aesop's Fables*. London: Walker Books.
Traditional tales: 'Jack and the Beanstalk' and 'Rapunzel'.

旅行和去旅行

Armitage, R. and Armitage, D. (2006) *The Lighthouse Keeper's Lunch*. London: Scholastic.
Armitage, R. and Armitage, D. (2008) *The Lighthouse Keeper's Picnic*. London: Scholastic.
Blackstone, T. and Harter, D. (2008) *Bear at Work*. Bath: Barefoot Books.
Beck, I. (1989) *The Teddy Bear Robber*. Toronto: Doubleday.
Briggs, R. (1980) *The Snowman*. Harmondsworth: Puffin.
Burningham, J. (1963) *Borka – The Adventures of a Goose with no Feathers*. London: Jonathan Cape.
Burningham, J. (1991) *Oi! Get Off Our Train*. London: Red Fox.
Cooper, H. (1999) *Pumpkin Soup*. London: Corgi.
Cooper, H. (2007) *A Pipkin of Pepper*. London: Corgi.
Cullen, A. and Rickerty, S. (2009) *Peas!* London: Puffin.
Dale, P. (1991) *The Elephant Tree*. London: Walker Books.
Fair, S. (1989) *Barney's Beanstalk*. London: Macdonald.
Flack, M. and Weise, K. (1991) *The Story about Ping*. London: Random Century.
French, V. and Prater, J. (2000) *The Gingerbread Boy*. London: Walker.
Gravett, E. (2007) *Meerkat Mail*. London: Macmillan.
Hughes, S. (1991) *Up and Up*. London: Red Fox.
Hutchins, P. (1969) *Rosie's Walk*. London: Bodley Head.
Lear, E. and Knight, H. (1991) *The Owl and the Pussycat*. London: Simon & Schuster.
Lumley, J., Fatus, S. and Penner, F. (2006) *The Journey Home from Grandpa's*. Bath: Barefoot Books.
Maris, R. (2001) *Hold Tight Bear!* London: Walker Books.
Murphy, J. (1982) *On the Way Home*. London: Pan Macmillan Children's Books.
Prater, J. (1987) *The Gift*. Harmondsworth: Puffin.
Prescott, S. (2009) *Small Mouse Big City*. London: Little Tiger Press.
Prescott, S. (2010) *On a Dark, Dark Night*. London: Little Tiger Press.
Rayner, C. (2006) *Augustus and his Smile*. London: Little Tiger Press.
Rosen, M. and Oxenbury, H. (2005) *We're Going on a Bear Hunt*. London: Walker

Books.
Sendak, M. (1967) *Where the Wild Things Are*. London: Bodley Head.
Shapur, F. (1991) *The Rainbow Balloon*. London: Simon & Schuster.
Zion, G. and Bloy Graham, M. (1992) *Harry the Dirty Dog*. London: Bodley Head.
Aesop's fable: 'The Hare and the Tortoise', in M. Clarke and C. Voake (1990) *The Best of Aesop's Fables*. London: Walker Books.

备注

1. 1991 年 6 月，我参加了谢菲尔德早期读写协会举办的会议，在这次会议上，我听了帕特·瑞安读《裁缝的故事》。

2. 关于这个主题的更多信息，可以在 M. 巴蒂（1988）所著的《普韦布洛故事和故事讲述者》（*Pueblo Stories and Storytellers*）这本书里找到。

思考问题与实践

1. 想一想你在工作中接触到的儿童，一些儿童似乎对某一特定的故事百听不厌，你能辨认出吗？都是哪些故事呢？

2. 试着浏览一下你的工作地点能够为儿童提供的书籍，这些书是否能培养儿童不同的图式？有没有哪些图式是这些书所缺少的？

3. 可以考虑与同事成立一个故事分析工作坊，每人将自己与儿童分享的故事做成表 7.1 中的故事记录页，这将成为一个非常实用的共享资源。

4. 一些儿童是否更倾向于那些与他们平时在幼儿园喜欢做的事情相匹配的故事内容?

拓展阅读

Drummond, M.J. and Jenkinson, S. (2009) *Meeting the Child: Approaches to Observation and Assessment in Steiner Kindergartens*. A report from the Faculty of Education, University of Plymouth and the Steiner Waldorf Early Years Research Group.

Styles, M., Bearne, E. and Watson, V. (eds) (1992) *After Alice–Exploring Children's Literature*. London: Cassell.

第四部分
对早期教育的启示

PART IV

第八章

为思考的儿童提供的课程

A curriculum for thinking children

> 螺旋式课程：如果我们尊重正在成长的儿童的思维方式，如果我们能够不遗余力地把儿童的实践活动素材转化为儿童的逻辑思维形式，如果我们能提前给予儿童足够的挑战，那么，我们就有可能使儿童在生命早期接触到一些概念和思维方式，这些都会让他们在未来的生活中成为一个具有良好教养的人。我们可能会问：如果小学每个学科使用的课程标准能够发展完善的话，这个标准是否能让儿童达到成人的认知水平？如果儿童在年幼时期就掌握了这些知识，他成年后是否会变得更优秀？如果这两个问题的答案是否定的，或是模棱两可的，那么这些标准只会使课程变得混乱不堪。（Bruner, 1960, p52）

本章将会探讨为满足幼儿思维、知识、技能和理解力的发展而设计的课程。这类课程以有关儿童学习和发展的知识为核心，而不是优先考虑任何特定的国家政策。为幼儿创建一个值得信任的课程（正如布鲁纳50多年前提到的），我们需要检验什么内容是值得教给儿童的，对于设计一个值得信任且具有挑战性的课程来说，有意义的经验是至关重要的。

关于儿童的"天赋"与"后天培养"问题的争论已经持续了几十年。肩负教育幼儿重任的人必须相信：培养幼儿的思维对他们的学习和发展有着积极的影响。那些认为孩子潜在的理解力和成就在子宫里就已被决定而非出于后天培养的人，必然会认为早期教育是无效的。对儿童思维和情感的培养（正如他们的身体发育一样）必须与他们的发展需要相匹配，能够实现这种"匹配"的培养课程，必须包括教育工作者对他们所教的儿童有切合实际的高期望值。

艾希（2007）指出，包括家长、幼教专家在内，有清晰教学法的早期教育干预能够增强儿童认知的发展。知识、能力和理解力的提高能够增强儿童的自尊，促进儿童基本能力的全面发展。一个课程的目标和原则，应该成为幼儿教育实践的基础，也应该构成为促进幼儿学习能力而创设的课程的基础。

如果幼儿园和其他早期教育机构的课程发展是旨在培养儿童成为会思考的人，那么就需要解决本书涉及的关于儿童学习和思维例子中的两个问题：

- 如果不考虑任何官方要求的组成幼儿早期课程的内容，那么，教育工作者又如何确保他们所提供的课程具有广泛性、均衡性和相关性？这也许是一个老生常谈的问题。

第二个问题试图尽可能在儿童学习的课程中纳入能够发展儿童思维理解力的内容：

- 为儿童提供的课程怎样才能用有价值、有趣味性的内容来培养儿童的思维形式？

确保课程的广泛性、平衡性和相关性

几十年来，英格兰的幼儿应该学什么这一话题，一直是政策争论的焦点。20世纪80年代到90年代，政府就通过了为5岁以下儿童设计专门课程的文件。1988年的《教育改革法案》要求为5～16岁的儿童开设课程，课程的设定以学科为依据，并根据每一关键期应达到的目标来设定儿童学习的评估体系。自课程开设以来，争辩和修改的呼声一直没有停止过，而且在实施过程中不断改变和调整。在国家课程实施的早期阶段，兰布德委员会（DES, 1990）对所有3～4岁幼儿所接受教育的质量进行了调查，并基于儿童的各种经验和学习机会提出了一个具有平衡性和广泛性的课程框架，这一体系被认为是促进5岁以下幼儿发展的最好方式。教育与科学部（DES, 1989）早已给相关的托儿所和托儿班提出了这一观点，课程的适宜性也得到了广泛的认同。

也许有点奇怪的是，目前为0～5岁儿童提供的课程，即国家早期教育纲要（DCSF, 2008），1996年就由政府发起，启动了筹资安排。与其说《对幼儿教育的期望》（DfEE, 1996）是课程，倒不如说它是儿童教育评估或检查的一系列标准。政府针对3～5岁儿童提供资助的目的，是为了使儿童的发展符合预定的个人和社会发展的期望，如儿童的语言和读写能力、数学、对世界的认识和理解、身体发育、创造力发展等。《对幼儿教育的期望》这个文件中引用了很多参考文献，指出游戏是儿童学习的重要媒介，并且明确强调了学龄儿童的社会化发展与读写、计数方面应取得的成就。关键期1的第二级，明确规定了从非义务教育阶段到义务教育阶段的预期发展目标（DfEE, 1996, p10），也表明了这种教育的目的是"为之后的发展奠定基础"（p1）。

对儿童早期教育目标的狭隘定义，导致后来出现了针对入学儿童的各种测评和规划。《国家基本评价体系》（SCAA, 1996）于1998年9月推行，要求所有学校对刚开始接受义务教育的儿童，在上半学期时就进行基准评价（不考虑儿童是否达到义务教育要求的年龄）。由于遭到外界的强烈反抗以及教育专家的不满，这一评价体系最终被迫撤销，取而代之的是《基础教育阶段儿童发展纵剖图》（QCA, 2002），它为3～5岁的儿童设置了更加全面的、形成性的评价方法。后来，这些文件被修订为《国家早期教育纲要和早期教育发展纵剖图》（DCSF, 2008）。我们将会在第九章讨论有关评价的问题。但有必要在此说明的是，在20年内，英国的早期教育从没有正式定义、不被认可、缺乏相关必修课程的状况，发展到在儿童刚入学时（通常在5岁前）就对其进行强制性的学业评价的阶段。

不论正式规定的课程是什么样的，也不论地域差异，全世界有所影响的教育工作者都不应该只关注儿童学习领域，他们还应该关注如何拓展和整合各种知识、理解和经验，也就是说要关注不同学习领域内部及彼此间的连续和发展。唯有如此，教学才能带给幼儿丰富和充分的学习发展机会，为幼儿创造一个整体上令人满意的早期教育经验，从而超越教育部门规定的儿童应达到的学习标准，并拓展儿童的知识范围。一个具有平衡性、广泛性、相关性和独特性的课程，不是仅仅用华丽辞藻就可以实现的。这样的课程应该是一种合理的课程哲学，它能够使所有的儿童都拥有受教育的权利，并且能够让他们根据自己的需要和潜力来学习。弗莱雷提醒我们，我们需要教儿童学会再发明，而不是简单地告诉儿童如何去做。"只有通过发明、再发明，通过人们坚持不懈充满希望地耐心追求世界、拥抱世界、彼此探寻，才能拥有知识。"（Freire, 1970, p53）

约翰·杜威指出，过程和结果同样都是学习的一部分：

> 结果代表着当前学习经历的发展方向；长远看来，它相比于我们之后的结果来说无足轻重，但它又为我们当前

的发展方向提供着重要的指导。这样来想的话，结果并非遥不可及，反而是我们处理当下的指导方法。（Dewey, 1990, p191）

他还进一步指出提问和好奇心在学习中的重要性："对一个人来说，真正的问题能够引发他的好奇心，从而满足他对知识的渴望，他所有的主动性和想象力也都会因此被激发出来。"（Dewey, 1916, pp. 304-305）

弗莱雷和杜威所强调的是个人在学习中的行动，强调思维和行动过程的重要性。学科可以将知识很方便地归类，这样有利于开展教学、实施评价、研讨课程，但这并不是学习的唯一途径。有时候，这种方法将不同学科之间的联系机械地割裂开来，并不利于理解和挑战幼儿的思维。针对为幼儿提供的没有关联性的、基于学科分类的课程教学方法，赫斯特和约瑟夫发表了如下观点：

> 对幼儿来说，为他们提供以学科划分为基础的课程是不合适的，这违背了幼儿的思维与学习的方式。当前的国家课程将课程分为艺术、地理、英语、数学、体育、科学、信息技术和设计技术等领域，这与我们惯有的说法并不一致。另一方面，国家课程也部分承认了整合的学习方式。"跨学科主题、内容和技能"的概念描述了一个事实，将不同的学科知识整合在一起可能是促进儿童学习的最有效方

式。如果制定国家课程的教师能够最大限度地实践这一概念，将对他们所教的儿童大有裨益。（Hurst and Joseph, 1998, pp. 22-23）

智慧源于好奇

事实上，幼儿并不是按学科或学习领域来思考的，成人也同样如此。人是根据情境、困惑和需要解决的问题来思考的，在这一点上成人和儿童是相似的。正如苏格拉底所说："智慧源于好奇。"幼儿思考、谈论和运用他们现有的知识，他们关注的是眼前的任务。他们不会根据学科来分析知识，而是怀着好奇之心去探索自己的困惑。下面的例子就说明了这一点。

一组儿童（4岁8个月～4岁11个月）正在教室里玩沙盘和小动物模型。他们在编故事。一个孩子提议故事的开头设定是所有动物都死了，需要被埋起来，老虎、猴子、长颈鹿、大象、鲸鱼、海豹、企鹅等一大群动物被安葬。接着，他们又把动物挖出来，重新开始这一游戏。他们小心地往沙子里倒一点点水，使沙子稍微潮湿一些，把沙拍平，然后用小树枝插成一个圈，进入这个圈，就来到了森林。这个圈代表着森

> 林的边界,在森林的边界放一些贝壳表示"海在森林边上"。全组成员一致同意让一些动物生活在森林里,另一些动物生活在"海里"。这样一来,动物们被安置在了各自的栖息地。其中一个儿童边把沙子洒在树枝上,边说:"下雪啦,森林没有房顶,被覆盖了一层雪,动物也被雪盖住了,他们将会被冻死。"许多动物再一次死亡了。小动物们太小了,经受不住寒冷的冬天,遭受了这样的命运。儿童为它们举行了隆重的葬礼,在森林中央做了大小合适的坟墓,墓前立上刻有简短碑文的墓碑。

儿童能够将自己所有的知识运用到有目的的游戏中,教育者们通过观察儿童并与儿童交流互动,能够更加了解他们,并且能够了解到在平时单纯的学科教学中无法显露的东西。这些儿童在游戏中保持着密切的合作。通过教师提供的材料、他们听过的故事、他们对死亡和埋葬的观点、对有关风俗和强大力量的理解(如做坟墓和适者生存),儿童的故事得以发展。仅凭一位教师能够筹划出这样一个具有目的性的故事情景吗?

基督徒席勒说明了定义"课程"一词的困难之处:

> "课程"(curriculum)一词并不具有吸引力。不论是听到

还是在书页上看到这个词语,都会让人感到刺耳又刺眼。当然,"课程"是一个罗马单词,它没有被我们的母语改变或同化。这一事实也说明了我们很难在母语中找到与之相对应的词语。用母语来说,课程就是"我们在学校里做什么"这样一个简单而又充满感情的表达,或许这也反映了儿童发现他们所参与的活动都是由教师来选择的,因此不愿意参加活动这一现象。这并不奇怪,一直以来,课程都被习惯性地当作一个集合名词,用来指代学科的集合。但是在初等教育这一领域,我们越来越清楚地认识到,对幼儿来说,学科并没有什么重要的意义。(Schiller, 1979, p3)

不论当今的国家课程如何安排,儿童的直接经验和活动能够拓展课程的范围,使学习更具多样性。

在早期,幼儿的知识不能以学科划分的方式来呈现。例如,当幼儿在做饭时,他们可能在学习与科学、数学、健康等有关的知识。同时,他们也在拓展词汇和语言技能的过程中学会了如何合作与分享。幼儿在各种各样的游戏活动中学习"学科知识"。游戏有多种形式,可以是室内的,也可以是户外的。经验丰富的观察者能够认识到这些游戏的重要性,并以此来促进儿童的理解和学习。真实的物体和材料有助于儿童探索和拓展他们已知的知识和能做到的事情。通过探究实践中的各种材料,儿童能够学到不

同学科领域的课程知识。(Early Years Curriculum Group, 1992, p19)

学习过程指的是儿童如何学习,它与儿童的学习内容,即学什么同样重要。福禄贝尔、蒙台梭利、裴斯塔洛齐、麦克米伦和艾萨克斯为幼儿教育工作者留下了宝贵的经验,这些经验为后人提供了学习过程的基础理论:游戏在幼儿的学习中占有重要地位。关于游戏的解释有很多种,儿童的游戏在某种程度上是大多数成人司空见惯的东西,在公园、商店、家里和集体活动中都能看到。游戏可以说是我们每一个人都经历过的活动。因此,每个人都有可能认为自己了解什么是游戏,也可能会因为对游戏的熟悉感而产生一种轻视。由于游戏是每个人早期经历中不可缺少的一部分,它的重要性反而容易被忽视。洛夫达尔(Lofdahl, 2005)的观点让我得出一个结论:本质上,游戏是将文化关切和文化现象赋予意义的一种方式。洛夫达尔写道:

> 我们发现,尽管有许多研究者认为不同的游戏形式或阶段本身就是很重要的,儿童在游戏形式间的转换也是双向的,但是似乎大多数有关游戏的研究,其目的都是为了证明游戏在儿童发展过程中的有用性。(2005, p6)

尽管定义游戏一词存在诸多困难,游戏在幼儿的学习和发展过程中却占有重要地位。健康幸福的儿童在做游戏——他们不仅仅是在做游戏!所有观察过儿童独自游戏或与他人共同游戏的人都明白：游戏在人类学习和发展过程中处于核心地位。但游戏并非儿童学习的唯一途径，正如弗兰克·史密斯所说：儿童通过与他人交往、观察并模仿他人、参与家务和日常经历，如在家烘焙、购物、散步、帮忙打理花园、参与家事和庆祝活动等各种形式来学习。

一个具有创造性和挑战性的课程能够将游戏和儿童的现实生活经历整合起来，并使教师和学生的日常生活充满教与学的机会。这种现实的学习途径有利于儿童获得广泛性、平衡性和相关性的早期课程学习。课程的广泛性和平衡性不仅仅指学习内容，学习过程也包含在其中。由于儿童对他们所见所闻的理解力处于不断发展的阶段，我们必须为幼儿提供充足的空间和时间去游戏，提供交谈、模仿、背诵、反思、提问、推理等机会。早期教育阶段的课程必须注重儿童的理解过程，也必须重视儿童的思考价值。

> 索尔（3岁9个月）往干沙上倒了些水使沙子变得湿润。接着，他开始挖沙子，脸上露出疑惑的表情，说："沙子里有水，我却找不到！"

儿童也必须有机会去体验新鲜且具有挑战性的活动，例如，在成人的帮助下，体验一次"学徒活动"，可以帮助儿童拓展他们的思维和活动。观察手艺人的工作对儿童来说是一种令人着迷的体验，儿童可以从中获得诸多裨益。例如，参观工艺中心，儿童可以看到手工艺者如何制作蜡烛、珠宝、编织物，以及绘画；也可以邀请手工艺者来幼儿园向儿童展示他们的技能，例如，可以让一个木匠在他的工作台上做一个小凳子，或者让一个蕾丝手工业者坐在矮桌上做手工，儿童在旁观看。

课程的相关性指的是什么？1967年《普劳顿报告》明确指出：

"教育过程的中心是儿童。如果不能与儿童的天性相契合，不被儿童从根本上接受，那么这些政策的改进和新设备的发明，都无法达到预期的效果，没有任何作用。"（DES, 1967, para. 9）

尽管从20世纪90年代到了21世纪，这种以儿童为中心的观点似乎仍没有被政策制定者们所肯定，但它却是制定具有相关性课程的关键所在。当前的课程政策似乎承认每位儿童都是一个独特的个体，据此，我们应该满足他们独特的兴趣爱好和学习需求。任何一个具有广泛性和平衡性的课程，必须以作为学习者的儿童为中心，才能使其具有相关性。儿童需要各种机会使他们的各种经验变得有意义。他们需要融入日常真实生活的各种信息、机会和挑战，以激发他们稚嫩的想象力。

儿童必须有机会去表达他们的所见、所做、所想之事。他们需要通过动作、绘画、模型制作、书写和交谈等方式来表达自己的思想和经历。像砖块、油漆、沙子、水和黏土等开放性的材料，都能够使儿童用不同的方式来表达自己的真实经验、思想和想象。

> 罗素将管子放在水槽来代表洗衣机。他解释道："这是洗衣机，你把水放进这儿（漏斗），这是脏衣服，你让水通过这里（管道），向里面一吹，水就出来了，衣服就变干净了！"罗素对洗衣机的表述中，容纳和穿过边界两个图式相互协调配合，最终改变了水和衣服的状态。

儿童需要在富有创新性和创造力的教育工作者的帮助下，才能开展实验，进行探索，参与解决问题和积极思考的活动。为了使课程的意义最大化，儿童必须有活动的空间、时间和材料，必须有时间去交谈以及有被倾听的机会。同时，他们必须得到教育工作者的支持，并给他们提供挑战的机会。这些教育工作者也在坚持不懈地探索，以便使自己的教学与儿童的学习需求和思维结构相适应。

布赖尔利（1994）强调了活动经验的多样性和激励的重要性。正是这种具有多样性和激励性的活动才可能带来团体中个人的成长。有价值的经验，不论是在事先规划好的学习环境中获得的，还是在其他团体中获得的，都很少是狭窄孤立的经验。儿童的经验和活动可以通过多种方式获得，在这些经验和活动中，对最小幼儿的教学应基于幼儿的现实经验，幼儿的学习途径也应源于幼儿的游戏，只有这样，才更有可能实现课程的相关性以及学习机会的广泛性和平衡性。

用有价值、有趣味的内容丰富幼儿的思维形式

以主题和话题形式规划并展示给儿童的课程，能够保证学习经验的广泛性和多样性，同时也能够确保课程的平衡性。如果教育工作者能够在设计不同主题时将儿童的图式考虑在内，就有可能用游戏促进儿童的学习，并使儿童在独特的个人需求和现有经验的基础上继续发展。教师在教学中将儿童的图式及其特殊的思维线索考虑在内，就是在运用儿童如何学习的相关理论来影响和发展自己的日常教学实践活动。如果教师所设计的课程内容都是儿童一直以来所关注的，并且课程的吸引力能够通过儿童的动作、语言和图画展示出来，从而使课程内容得以延伸，那么教师为儿童设计的课程和儿童自己能够吸收、发展的课程之间就能够紧密匹配。

5岁以下的儿童能够同化和欣赏广泛的学习经验，这些经验拓展了"在里面""包围""在外面"等主题。这样的主题可以帮助儿童在测量、绘制地图、烹饪、探索环境和发声等观念上

获得发展，这里仅列举了一些可能的发展途径。儿童的图式解释了他们的行为和思维模式，为他们打开了一扇能够获取丰富学习机会的大门。密切观察儿童的教育工作者能够确定儿童当前关注的内容是什么，从而将课程的内容与儿童的兴趣匹配起来。

儿童的图式似乎使他们对所处环境中的某些事件和现象比较敏感。教育者如果能够通过儿童的图式确定他们的兴趣所在，就能更好地为儿童选择合适的课程，因为了解了相关理论和儿童发展的知识，教育者就会有更加清晰的工作思路。儿童的图式是学习动机的一部分，也是儿童行动、表达、讨论、提问和发现的不竭动力。我们可以经常观察到，儿童在游戏中能做出清晰的选择，他们能从所处的环境中提取吸引自己的因素，这些因素与他们当前特定的兴趣模式一致。例如，许多学习都是围绕"在不同的容器中能找到或放入哪些东西？"这一简单却基本的主题开展的。这些学习可以包括烹饪，从做面包和饼干拓展到在里面包馅儿，如包葡萄叶、包胡椒馅、包饺子等。这种学习也可以包括对动物栖息地的研究，如贝壳、洞穴、窝巢等。

有效的课程应该能够丰富儿童个体的图式内容，提供广泛的课程内容以便丰富儿童不同领域的经验和机会。当托儿所被划分成一系列的"工作坊"区域，并配有各种工具可供儿童在特定区域工作时，儿童和成人的工作效率是最高的。这些学习工具包括颜料、绘画和书写材料、水、沙子、木匠工具、黏土、三维模型和建构材料、想象游戏中的玩偶和模型、假扮游戏的装备（假发、服装、商店和医院游戏里的材料）、音乐、书籍、

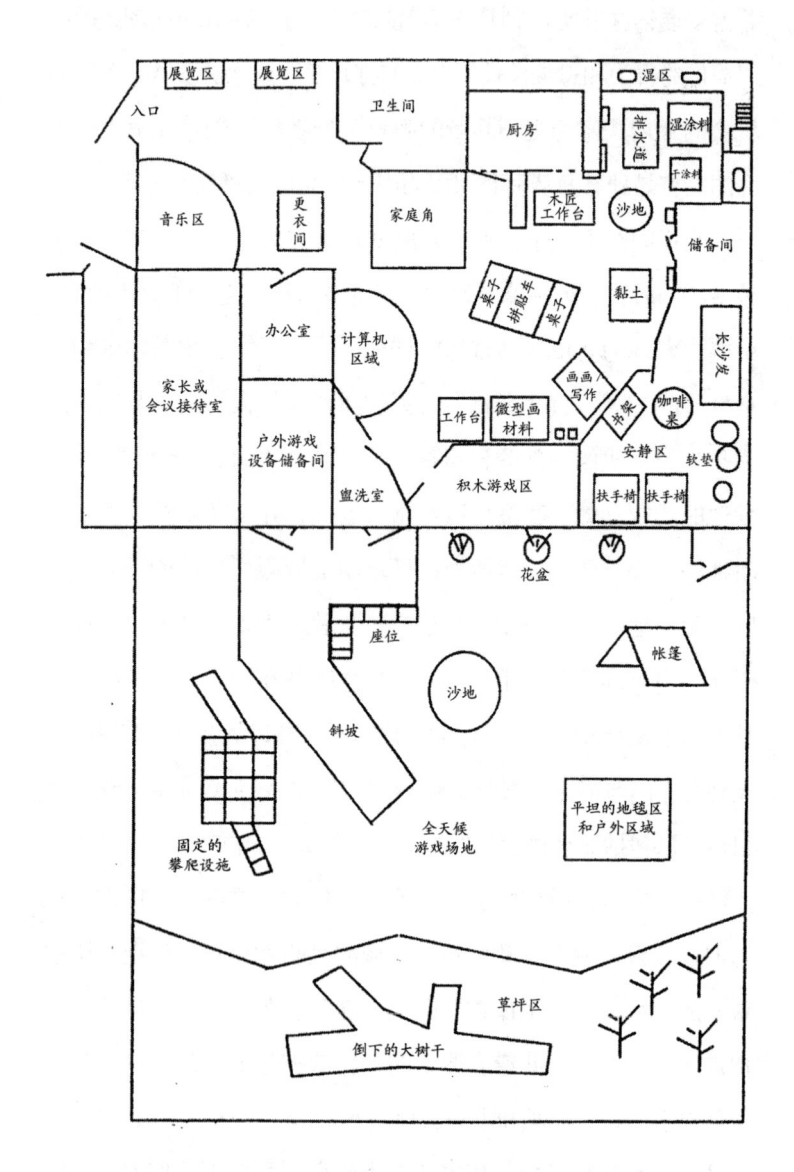

图 8.1 内部和外部的空间组织

砖块、家庭角和一系列户外活动的设备、交通工具。这些不同类型的材料构成了儿童日常课程经验的核心。图8.1提供了户内外的空间安排实例，包括日常学习的基本材料和用具。

儿童需要各种各样的材料和设备，这些材料和设备需要有序组织安放起来，这样就可以教会儿童在哪里能找到他们需要的东西，用完之后又应该放到哪儿。比如，设备应放在对应的工作区域。一个想玩水的儿童可以从一系列能在水里使用的设备中选择。所提供的设备也能够丰富儿童的一系列图式，例如：暖壶和瓶子能丰富"填充和容纳"图式；管子和漏斗可以丰富"穿过"图式；泵能丰富"上、下"图式，水轮用来丰富"旋转"图式。儿童对设备的选择和使用方式显示了他们的图式和学习的兴趣点。成人的观察是课程中不可缺少的环节，通过观察，成人可以确定儿童的学习需求，并据此调整自己的教学，使之与儿童的需求相适应，从而进一步拓展儿童的图式，促进儿童学习。不论是针对儿童个体还是一组儿童，教育工作者应在不同的领域灵活开展教学工作，进一步发展儿童的兴趣，激发儿童进行新的思考。

幼儿教育工作者必须为工作储备丰富的知识，他们可以根据任务所需的工具来准备教学，但最终是由儿童来决定他们工作的真正性质。除非成人的教学与幼儿的兴趣爱好相契合，否则幼儿会坚持自己的探索，几乎不会被成人的观点所影响。例如，当许多儿童在一起玩水时，各种各样可供水上使用的玩具使他们有了灵活的选择。一个对动态垂直图式感兴趣的儿童可能会尝试从一定的高度向下抛掷各种物体和材料，而其他对容纳和封闭概念感兴趣的儿童可能会把许多容器盛满水玩。第一个儿童可以探索有关重力、浮力和浸入等概念，第二个儿童则可以探索能够激发自己思考的与容积、大小、形状和数量有关的概念。这两个儿童都在自己所处的发展水平和兴趣领域内进行活动，他们的活动都与水的特性有关，成人的干预应与每个儿童各自的活动相匹配。这样的实践活动有助于幼儿教育工作者从幼儿图式水平方面解释儿童的行为，为实现有效的教与学提供可能。比起那些由成人规划、面向全体儿童介绍同一特定概念的方式，上述的教学会更加有效，而向儿童介绍某个概念仅仅是因为这个概念看起来是这一年龄段的儿童应该理解的内容。一个将儿童图式考虑在内、旨在支持和拓展儿童思维的课程，必须包括丰富的人际交流和一系列能在最大程度上促进儿童学习和思考的材料资源。

为未来做准备

下面这段文字中，洛兹和格里芬提到的0~3岁儿童全部的学习经验，对于3~5岁的儿童来说也同样需要：

> 我们需要有培养"完整的人"的远见：不论文化、宗教背景、种族、性别、能力或健康状况如何，一个"完整的人"应拥有明确而现实的个人身份。那些了解自己的儿

童将有信心在数学、科学、艺术和技术领域中去热爱、学习和交流。那些能与其他人维持良好合作和学习关系的儿童，更有可能尊重和重视人与人之间的差异。那些能与重要的成人建立亲密关系的儿童，将有更多的机会接触到宝贵的早期学习经验。那些在一个充满激励、安全并具有挑战性的环境中游戏的儿童，会把这种价值观带到成人阶段，并会传递给下一代。儿童时期形成的一些特质，如尊重他人和自尊，可能在摇篮期就初具雏形了。（Rouse and Griffin, 1992, pp. 155-156）

人们对"准备"极为关注，所谓的"准备"针对的是5岁以下的儿童，是为了在义务教育阶段要接受的各种课程做准备。将"准备"一词用在幼儿的学习与发展中是很危险的。成人们很可能会占用早期童年的宝贵时光，用设计好的练习和训练侵占幼儿的思维，以此来为他们下个阶段，再下个阶段，以及下下个阶段做准备，就这样一直持续下去。教育工作者过早要求幼儿做一些他们上学之后才需做的事情，其实是在浪费幼儿的时间，扼杀幼儿的智力。要想帮助一个儿童为他的5岁做好准备，最好的办法就是让他们在3岁时做3岁该做的事，在4岁时做4岁该做的事。幼儿早期丰富的经验是他们所能拥有的最好养料，也是为他们人生下一阶段所做的最好准备。成为一名学习者和思考者，并像学习者和思考者那样去行动，是儿童需要为未来学习所做的准备。本书中所阐述的幼儿经验和理解力，是幼儿掌握国家法定课程中各种知识的基础,也为幼儿提供了丰富的课程资源,帮助幼儿实现《早期教育纲要》(DCSF, 2008)所规定的课程目标。现在在托儿所的幼儿,他们二十年后要做的工作可能还没有被发明出来。在早期阶段,幼儿应有充分的机会去探索、发现、提问和发展人际关系。

教育的目的、教育的内容和教育的实施,将继续成为讨论的焦点,政治家关于教育和标准的讨论也将长期延续下去。约翰·霍尔特认为,可以用三个比喻来形容教育系统的运作,有些教育工作者可能会认同这种比喻,也有些可能不认同。霍尔特指出,这些比喻所表达的事实在很大程度上影响着教师的行为。下面是他打的第一个比方,他把教育比作制瓶厂或罐头厂的一条装配流水线:

> 传送带传来一排排形状各异、大小不一的空容器。传送带旁边放置着一排喷灌设备,这些设备由工厂的工人控制。当容器经过时,这些工人便将数量众多、各种各样的东西喷入容器中——阅读、拼写、数学、历史、科学等。
>
> 楼上,管理者们决定什么时候应把容器放在传送带上,多久后把它们从传送带上拿下来,在什么时候将何种材料灌进或喷进容器中,当容器的瓶口(如汽水瓶)比其他容器的瓶口小,或者根本没有瓶口时应该怎么办。
>
> 当我和老师们讨论这个比喻时,很多人都笑了,似乎觉得这很荒唐。但是,我们只需要读一读最近学校草率推

出的大批提升计划，就知道这个比喻所描述的现象层见叠出，司空见惯。实际上，那些官方报告都明确地说明了我们必须学多少年英语、多少年数学、多少年外语、多少年科学。换句话说，我们必须向容器中注入4年的英语，2年或3年的数学，等等。这一设想是，无论将容器中注入什么，容器都可以容纳这些东西，而且一旦注入，将永不改变。（Holt, 1991, pp. 148-149）

任何能够进行有效教学的教育工作者都不会将灌输大量的学科知识作为自己的工作重心。那种认为学习者在学习过程中是被动的、非参与性的观点是对教育的误导和冒犯。儿童是积极的、热爱探索的学习者，他们需要与博学多识的教育者以及他们的同伴进行交流和互动。如果要想让儿童在专业教育者的支持下学习而不受成人的干扰，教育者的教学必须与儿童的思维发展水平相适应，启发他们的思维，并对他们持续活跃的思维做出积极应答。对教师和其他早期幼儿教育工作者来说，他们应该在指导幼儿学习的过程中努力实现这一目标。这个任务是复杂的，但同时也是必需的。

本章提出了促使幼儿的早期学习不断发展与进步的方式，即加速、前进、持续、连续不断、发展、上升、成长、增加、增强、持续进行等。早期儿童教育想要想真正发展进步，必须接受这样一个基本观点，即儿童自身（和他们的兴趣）是教育的根本。一个以学习者为中心、以人为本的早期教育课程必须给予儿童的思维应有的尊重。这样的教学和课程方式为儿童应对未来不可避免的挑战提供了最有效的准备，同时，也是以培养善于思考的儿童为目的的课程在教育理念和教学方法上的核心因素。

思考问题与实践

1. 布鲁纳（1960）提出了"螺旋式课程"这一概念。这一概念对早期教育中制定有效的教学方法有多大帮助？

2. 当教育政策改变时，早期儿童教育工作者如何确保在课程的发展中仍实施以儿童为中心的教学方法？

3. 如果你能重新设计你所在的幼儿园的布局，你怎样才能最大化地利用灵活的空间来保证儿童与成人之间探索机会的最大化？

拓展阅读

Bruner, J. (1960) *The Process of Education*. Cambridge, MA: Harvard University Press.
Dewey, J. (1916) *Democracy and Education: An Introduction to the Philosophy of Education*. New York: The Free Press.
Holt, J. (1991) *Learning All the Time*. Ticknall, Derbyshire: Education Now Publishing Co-operative; and Liss, Hants: Lighthouse Books.
Schiller, C. (1979) *Christian Schiller in His Own Words*. London: National Association for Primary Education/A & C Black.

第九章

学习评价

Assessment for learning

> 大多数老师向学生提问，只是为了想弄清楚学生还不知道什么，但这其实是在浪费时间。而真正的提问艺术，则是为了发现学生已经知道或能够知道的东西。
>
> 爱因斯坦，1920

学习评价之所以能够扩展儿童的学习，是因为它能够提升教学。所有其他形式的评价都是为了检查学习行为是否已经发生，而不是作为引导学习行为发生的方法。本书中所列举的观察实例包括许多教师对儿童的观察、与儿童之间的互动、对儿童的学习做出的决定，并根据这些决定采取行动，以便进一步挑战儿童的思考、说话和行为。从这个意义上讲，这本书的大部分内容都是关于学习评价的。但是，在更直接地考虑图式理论对儿童学习评价的影响之前，我们有必要了解早期教育中其他有关评价的问题，包括学习评价的特点和其他目的的评价。

本章讨论了在儿童学习过程中对他们进行详细观察的重要性，以及评价的一些主要目的和特点。本章介绍了有效的早期评价的特点，并针对如何把对儿童图式的观察、促进儿童学习的决策和下一步的教学措施整合起来这个问题，提出了建议。

什么是评价？

"评价"这个词在不同的语境中有不同的含义。它至少涉及三个不同的目的，而且在政策或实践中也没有达成一致的理解。纳特布朗和卡特（2010）曾提出，早期教育中的评价有三个不同的评价目的，要达到不同的评价目的则需要使用不同的评价工具。对教与学进行的评价是详细了解儿童知识、技能和理解的过程，其目的是详细描述儿童的发展与后续学习需求的图景。对管理和责任进行的评价，则更倾向于对儿童的学习进行评分，而不是对儿童学习的叙述性阐释。基线评价系统就属于这种评价，它曾一度用于衡量儿童在预定目标方面的发展进程（SCAA, 1997），而且它也允许学校对儿童进行"附加价值"的评价。研究评价主要是针对专门的研究项目进行的评价（通常是涉及数值结果的测试或测量），在这种评价中需要采取快速的测评措施，并且需要采取统一的评价方法。例如，谢菲尔德的《早期读写发展概况》就是这种评价（Nutbrown, 1997），它专门用来衡量3～5岁儿童早期读写能力的发展情况。如表9.1所示，它总结了这三种评价目的的主要特点。

表 9.1 三种目的不同的早期评价特征

为教与学进行的评价	为管理和责任进行的评价	为研究进行的评价
关注个体	关注年龄段	关注样本
关心每一个学习者的细节	关注群体表现	关注样本的表现
持续性的	发生在特定的时间段	发生在研究中预设的时间点
随教学活动的进行而进行	实施过程简单,从上一次教学评价完成之时开始	实施过程简单,依评价的性质和样本的年龄而定
不需要量化的结果来明确意义	需要量化的结果来表明意义	量化的结果通常是必不可少的
开放性的评价目的	经常由封闭式的评价项目组成	经常由封闭式的评价项目组成
为下一步教学提供信息	为管理策略和政策制定提供信息	为研究结果提供信息,并对结果进行评价
所获信息主要与个人相关	所获信息主要与班级、学校或地区相关	所获信息主要与样本相关,而不是有关个体或学校的信息
要求对每一位儿童进行评价	允许不记录一些事件	允许不记录一些事件
主要目的是教学	主要目的是责任	目的是增长知识
评价结果仅在作为教学指导时有用	仅在与其他结果(其他群体的测评)进行比较时,评价结果才有用	仅在证明研究结果的有效性时有用
需要专业的眼光洞察儿童的学习	需要有控制测试的能力	需要有控制测试的能力
依赖于跟儿童个体建立有效的关系	可以通过与儿童互动获得信息,而不是依赖于建立关系	在评价之前不需要建立关系,但需要在评价过程中与儿童建立和谐的关系
需要父母参加	不一定需要父母参加	不一定需要父母参加
要求持续的专业发展和经验	要求参加短期的培训,或学习测评和操作	要求参加短期的培训,或学习测评和操作

评价在早期教育中的地位

教师的职责之一就是评价儿童的学习，评价他们的发展需求、他们希望获得成人支持的需求，以及他们的成绩和认知发展水平。通过与儿童一起工作，教师能够判断出儿童在想什么，儿童知道什么，儿童的动机是什么，儿童的能力和思维，以及他们的兴趣和思维将会如何进一步发展。这种判断更多地基于教师对孩子日常所做所说进行的观察，而不是正式的评价。纳特布朗和卡特（2010）证实了持续性的评价始于仔细观察。观察可以有助于教育工作者确定儿童的成就、学习需求和学习策略，其中也包括他们的学习图式。一旦确认了孩子们的学习需求，一些有价值的课程内容就可以与之匹配。

"少量而多次"的观察与"大量而少频次"的观察在形式和结果上截然不同。本书所依据的许多观察可以被描述为"少量而多次"的观察；其他如对萨拉（第十章）和拉齐亚（第六章）所做的观察，可被描述为"大量而少频次"的观察。问题的关键不在于教师是需要进行"少量而多次"的观察，还是需要进行"大量而少频次"的观察，而在于教师在日常教学过程中对儿童进行持续性的长期观察，这对于教师理解儿童短期的表现以及长期的学习模式是必要且至关重要的。

对儿童进行有针对性的细致观察，然后进行评价，这应该是一个持续的动态过程，它能够说明幼儿的思维和能力。为了做出有效且可靠的评价，教师需要对儿童的言行持有开放的态

度,接受他们的想法,并尊重他们的学习进程。正如莫伊蕾斯所指出的:

> 令人惊讶的是,儿童自己往往是他们学习状况的最佳评价者和测试者。有时,他们会非常努力地向自己和他人证明他们掌握了某项特定的活动技能或材料。在评价儿童的学习情况时,如果教师能够把儿童看作独立的人,并与他进行单独交谈,通常可以获得最有价值的信息,特别是关于儿童所获得的概念、知识和经验等方面的信息,这些知识和经验如果能得到成人的观察和仔细记录,就可以全面反映儿童的整体发展进程。(Moyles, 1989, pp. 125-6)

教师往往总是希望了解所有儿童的某些发展状况,但如果他们能够用开放的眼光来看待儿童,而不是在评价过程中戴着有色眼镜,只关注儿童某些方面的能力发展而忽视了其他方面的发展,那么他们最终会发现大部分儿童都是独立的动态学习者。善于观察和受过良好教育的教育者清楚,哪些儿童需要更为详细的观察和评价,哪些儿童的学习和发展不需要如此细致的评价。我们应该问的一个问题是"我们是否必须对每位儿童都做同样的评价和记录?"

评价必须被置于一个有效的教与学的过程中,因为它是幼儿教育进程中完整而连续的一部分,因此有效的评价也是成功幼儿教育的重要组成部分。

为什么要评价幼儿的学习与发展？

这是我们在教育幼儿时需要面对的一个基本问题。儿童的学习是如此的纷繁复杂，它内容丰富又魅力十足，不仅种类繁多，还令人惊喜、充满热情。因此，如果教师能够独具慧眼，见证儿童每一天都在发生新的变化，那么无论是谁，这对他来说都是一种莫大的荣幸。从某种意义上来说，观察和评价儿童学习的过程本身就是一种自我证明的过程。观察儿童可以开阔我们的视野，让我们看到儿童自身所具有的惊人学习能力，并让我们看到儿童出生的头几年在儿童生命中至关重要的意义。而评价儿童的学习，就会让我们探索更多的问题。有时，观察幼儿的学习会让我们惊叹于他们思考、行动、沟通和创造的能力。但观察的目的不仅仅局限于我们惊讶于幼儿的能力，对早期幼儿教育工作者而言，真正理解他们的所见所闻也是相当重要的工作。

好几位先贤（福禄贝尔、皮亚杰、维果斯基、艾萨克斯）和一些当代研究者（Donaldson, 1983; Athey, 2007; Abbott & Rodger, 1994; Elfer; Goldschmied & Selleck, 2003; Mead & Cubey, 2008），他们的研究都阐述了儿童的学习与发展，为早期教育工作者提供了实践策略，帮助他们反思和解释观察到的结果。这些丰富的研究和阐述向教育工作者揭示了儿童的语言、表征和行为的意义。同时，教育工作者对儿童学习观察的个人经验，也可以帮助他们更清楚地理解其他研究人员和教育工作者所确立的一般原则，并将这些原则视为儿童学习的特征。例如，那些研究婴儿和 3 岁以下儿童的教育工作者可以借鉴许多研究者（Elfer, Goldschmied and Selleck 2003; Goldschmied & Jackson, 2004; Abbott & Moylett, 1997）的研究成果，以便更好地帮助他们理解所教的幼儿。如果早期教育工作者能够借鉴他人的研究成果，那么他们就能更加透彻地理解自己的工作重点，更好地理解所教儿童的学习和发展。

观察作为一种评价儿童学习的工具来说并不新颖。对于那些没有机会继续练习他们的观察技巧，同时也没有时间与同事一起思考这些观察结果的人而言，这些观察工具可能显得有点迟钝，还需要进一步的打磨和抛光。然而，有许多研究者和教育实践者都遵循了这一观察实践原则。例如，意大利北部的瑞吉欧·埃米利亚教育实践体系的发展，在很大程度上归功于详细的文件资料。这些资料包括对孩子们的观察记录、笔记、照片，以及对儿童在他们学习团队中的表现进行反思（Abbott & Nutbrown, 2001; Edwards et al., 2001; Filippini & Vecchi, 1996）。

> 罗伯特的老师需要更全面地了解他对数字的理解，以便为教学提供帮助。以下是罗伯特和他的老师使用计算器进行计算活动的记录描述，这说明了密切观察和互动在早期学习评价中的重要性。5 岁 4 个月大的罗伯特正在玩一个计算器，他边按边说出数字。下面是

他和老师之间的对话：

　　罗伯特：64。

　　老师：你能想出一个比64大的数字吗？

　　罗伯特：71。

　　老师：71？那还能想到比71大的数字吗？你能想到的最大的数字是多少？

　　罗伯特：78。

　　老师：还有更大的吗？

　　罗伯特：79。

　　老师：有比79大的吗？

　　罗伯特：一百！

　　老师：有比一百大的吗？

　　罗伯特（脸上咧嘴一笑）：179！

　　老师：179，还有比这更大的吗？

　　罗伯特：十万七千九！！

　　老师：这个数字很大哦，你能说出再大一点的数字吗？

　　罗伯特：让我想想。（他用计算器，按"7"键，直到屏幕窗口上全部都是777777777，就这样，它可以继续按下去！）

　　老师：这是一个很大的数字，这是你能按下的最大的数字吗?

罗伯特:是的!但是这儿没有更多的空格(在计算器上读出)。

老师:但它是最大的数吗?

罗伯特:(停顿片刻,然后用手指)7,7,7,7,7,7,7,7,7,7!不!数字可以更大。我能用我的手指让它变成10倍大的数!数字还可以一直大下去,可以继续变得更大。

在老师的循循善诱下,罗伯特终于意识到数字是可以无限"继续"下去的。这个观察案例表明,计算器不仅可以用来计算,还可以用来"思考"与数字相关的问题。数字的大小最开始取决于罗伯特能在空间环境中(或用手指)数到的数量。在这个过程中,罗伯特需要老师的支持以帮助他思考,但当他充分理解了数字这个概念后,他就意识到它们是可以继续无限变大的。从此以后,道具对于幼儿构建越来越大的数字可能就不再是必需的了。

要评价教育的效果,必须进行全面的周期性观察。其实这样的观察并不容易。因为观察者不仅需要敏锐的观察力和听力,还需要知道这些信息指向哪里。也就是说,观

察者不仅需要看到和听到一个事件的发展过程,还需要去感知它的质量。(Schiller, 1979, p3)

如果教师要清楚地认识每位儿童,了解儿童活动的价值与小组动态活动的价值,那么教师就有必要经常性定期观察儿童,并且仔细倾听儿童。当教师观察儿童时,还必须努力理解他们所观察到的内容,即从儿童所做所说的事情中有所发现,有所收获。当儿童与周围的环境互动时,教师在旁边注意观察并聆听孩子,这将会有助于教师了解儿童的某些需求和发展状况。

在本书中,对儿童学习能力的观察足以说明他们作为思考者的能力,并且明确了图式作为一种方式的重要性,它能够更精确地支持儿童的学习。幼儿教育工作者必须把他们的观察技能视为一种重要手段,这种手段不仅能够确认儿童学习的最终效果,还能够确认儿童的学习模式和途径。密切而系统的观察有助于发现儿童的思维脉络,确认他们的发展图式和兴趣。只有当教育工作者把儿童作为一个整体来看待时,才能获得对儿童更加全面的了解和认知。

当然,以上这样的观察是需要事先计划的。当成人准备好睁开双眼去观察幼儿,并且对观察到的儿童行为的意义和重要性保持开放心态时,那么观察就可以进行得更加成功。教育工作者必须思考他们看到儿童在做什么,听到儿童在说什么,他们必须在观察中探究儿童言行表达的意义,并准备好在与儿童的互动中把观察过程中学到的东西加以运用。他们必须相信儿童能够展示他们正在学习的东西,他们必须相信自己在观察孩子时所花费的大量时间,这确属不易,但却是有效的教学合作关系中非常重要的组成部分。

对教与学的评价

能够支持幼儿学习的有效且富有意义的早期教育,必须以恰当的评价策略为基础,从而确定幼儿的需求和能力。而精致有效的学习则需要教师在幼儿游戏过程中对他们进行细致、持续且敏感的观察。

观察,对于理解和评价幼儿的学习是至关重要的。下面的例子说明了让家长参与评价儿童学习的重要性。

> 肖恩三岁半了。他每天早上都去上幼儿园,在幼儿园的大部分时间他都在户外玩耍:骑自行车、搭帐篷、爬山、做园艺和跑来跑去。他的幼儿园老师很担心他,如果他不参加室内活动,比如绘画、写作、涂鸦、搭建积木、分享书籍、拼图等,他可能就不能从这些室内活动中受益。即使老师把这些活动从室内搬到室外,肖恩似乎仍在回避,不愿意玩。后来,幼儿园教师跟肖恩的妈妈交流了这些事情,肖恩的妈妈说:

> "我们家里没有花园,所以没办法让肖恩在外面玩,他也没有自行车,没有公园可以爬山,周围也没有秋千可以荡,也没有场地可以让他在外面玩。但是我们有很多书籍、智力拼图、乐高、玩具小人,我们也经常让他画画和做手工。"原来,肖恩是在平衡他自己的课程,但成年人,比如老师和家长则需要彼此交流,分享他们所知道的信息,这样才能够了解肖恩的学习需求和目前的能力。(Nutbrown, 1996, p49)

如果要想使评价对儿童有效,就需要解决以下几个问题:

- ◆ 目标明确——为什么要评价儿童?
- ◆ 目标的适用性——评价工具或过程是否合适?
- ◆ 权威性——评价任务是否反映了儿童的学习过程和兴趣?
- ◆ 博学多才的教育者——教育者是否得到了适当的培训和支持?
- ◆ 儿童参与——儿童如何恰当地参与对他们学习的评价?
- ◆ 尊重评价——评价是否公平、诚实?是否适当关注儿童的健康和参与?
- ◆ 家长参与——家长是否参与孩子的评价?

（改编自纳特布朗和卡特，2010）

值得尊重的评价需要包含全纳式的实践，这样可以允许儿童们在评价自己的学习过程时"有自己的发言权"。

评价中应有的尊重

本章节探讨了为什么早期教育工作者应该在早期教育中的各种背景下去观察、聆听和评价幼儿。这些遗留问题的答案就取决于那些早期教育和评价所依据的原则。其中，尊重这一原则是至关重要的。在进行评价时，必须适当地尊重儿童，尊重他们的父母、照顾者和教育工作者。尊重性的评价在一定程度上决定着实践工作者在评价过程中应该做什么、说什么，如何建立和处理关系，以及在工作中应该采取的态度。如果那些实践工作者能够真正地观察、倾听并反思幼儿的学习，那么他们就会明白观察和反思的时机对于真正理解幼儿所做的事情是至关重要的。没有经过深思熟虑的观察是徒劳的。只有当实践工作者们努力理解所见现象背后的意义时，观察实践的真正价值才会显现出来。

无论《基础教育阶段儿童发展概况》将来会怎样改进，也不管其他国家的政策或未来的政策、实践怎样变化，有两件事情是必不可少的：一是需要父母和教育者共同参与到儿童的学习中，理解并尊重儿童的学习；二是需要不断促进教育工作者的专业发展，这对于充分挖掘儿童惊人的学习潜能至关重要。瑞吉欧的课程模式和反思说明，实践工作者们共同探讨儿童的学习对于儿童的成长是大有裨益的，而且实践工作者自身在教学过程中的角色也非常重要。

教学和评价的时机、对教育工作者能力的信心，以及对教育者所做判断的认可，都有助于营造尊重幼儿教育的氛围。尊重这一概念可以让我们了解成年人的工作方式，也可以让我们明白政策是如何制定出来并且被付诸实施的。但在教育领域中，尊重的概念有可能会被误读。比如，当我们提倡尊重儿童时，就可能会有人指责说这是一种"理想主义""浪漫主义"，这其实就是对尊重这一概念的误解。尊重不是指友善，而是要清楚明确、诚实、礼貌、勤奋和始终如一。

新闻中经常会报道新上任的政治家们呼吁年轻人要尊重长辈或社会规则。教会儿童尊重老师和社会的最好方法，就是让他们在童年时期就体验到尊重。但如果过度追求浪漫主义，那实际上也无法真正做到尊重性的评价和教学。因此，仔细阐述含意是很重要的，同时，检查早期教育中什么是尊重性的工作也同样重要。表9.2说明了尊重性的教学与非尊重性教学（又有谁愿意使用这个字眼呢？）截然不同的特点。

教育幼儿需要清晰、真诚、礼貌、勤奋和持之以恒。这就意味着教师要清楚地知道儿童现在能做什么，他们将来还可能会做什么，以及将来教师需要做什么才能支持幼儿的学习，不断给他们提出新的挑战。尽管政策反复强调让幼儿的教育简单化，但早期教育工作只会日趋复杂。观察幼儿的学习并理解他们的学习，是一项复杂而困难的工作，因此也对早期教育工作者们提出了最高的要求。

评价是早期教育完整教学的核心组成部分。教育者如果不能对儿童的学习提供评价，就不能顺利地进行教学。通常而言，教学评价被视为对一段教学过程的总结，在义务教育阶段结束时进行的正式的国家课程评价，可能会进行考试和质量测评，但这并不是早期教育阶段进行评价的主要目的。评价最重要的功能是帮助教育者更好地对幼儿进行教学——如果没有学习评价，其他形式的评价在提高教学质量和提升成绩方面其实是多余的，因为学习评价是教学的基础。

能力测评本身并不能促进儿童的学习。教育者需要从自己的观察中了解细节，发现儿童可以做什么，以便决定他们下一步的教学计划。教师在观察和评价儿童的学习、进步、需要、发展和兴趣时必须做详细的记录。某一次的学习经历或对儿童玩耍的观察记录可能只涉及几个特定的学习领域，但对儿童来说，学习却是一个完整的过程。例如，儿童们在玩商店游戏时，可能会涉及货物的分类和称重（数学），他们可能会列出购物清单和写通知（读写能力），他们可能会告诉货运员把食品杂货送到哪里（地理）。在整个游戏过程中，他们都在听和说（口语）。在和其他同伴玩耍与协商的过程中，他们都在不断从自身和与他人的互动中学习（个性与社会化发展）。

表9.2 什么是尊重性的教育工作者？什么是尊重性的教育？什么是尊重性的评价？

尊重性的方式	非尊重性的方式
考虑学习者——儿童是学习过程的参与者	忽视学习者——儿童是知识的被动接受者
建立在已有的学习基础上	忽视或不考虑儿童的已有学习
基于学习者的发展进程	基于事先设计好的教学目标
回应或适应学习者的需要和兴趣	无法回应或适应学习者的需要和兴趣
根据儿童的发展需求	根据课程目标、关键阶段或年龄阶段
课程设计基于儿童确定的需要	基于外部界定的需要设计课程
考虑儿童的权利	忽视或不考虑儿童的权利
向学习者做清晰的说明	不向学习者做清晰的说明
进行权威性的评价以支持教学	用被动的评价去追踪群体发展的进程
富有挑战性	没有挑战性
有延伸性的多样机会	没有或很少有延伸性、多样性的机会
整体性的	分割式的
需要家长参与	把家长排除在外
可评价的	不可评价的
根据经验进行修正	无限制地实施
认可儿童取得的各种成绩	只认可在事先确定的目标方面所取得的成绩
有目的性的	无目的性的
博学多才的实践工作者	知识贫乏的实践工作者
为教育者提供高质量的专业发展机会	缺乏高质量的专业发展机会或发展机会有限

尊重性的方式	非尊重性的方式
经受良好培训的教育者	不合格的、未经良好训练的或缺乏资质的教育者
每个学习者都是独一无二的	群体、小组或多数人是主要的关注点
所有儿童都是平等的	所有儿童都一样
全纳式的教育实践	割裂式或排他性的教育
有充足恰当的设备和资源	设备和资源不充分或不恰当
有充足且恰当的空间，有多种机会接触到各个学习领域或设备	没有足够的、恰当的空间，接触各个学习领域或设备的机会有限
有核心员工	没有核心员工体系

游戏是儿童学习的一种载体，同时游戏也是儿童活动内在的组成部分。如果忽视游戏整体的连续性，只关注整个游戏过程中的某一部分要素，使儿童仅沉浸于那些由成人所决定或看重的某些特殊活动，那么，无形中就削弱了儿童游戏活动的整体价值。对儿童学习的评价和记录应当包括对他们正在玩的游戏的观察，包括自己单独玩的游戏和与他人合作的游戏。在这个过程中，评价被记录下来了。正如席勒（1979）所指，评价应该"周而复始"地进行，并且儿童的学习环境和学习动机也应该被考虑进来。

表 9.3 观察和评价表例

	姓名：达妮卡，4 岁		
观察	学习分析	行为	日期/（教师名字的）首字母
达妮卡参观完公寓后，做了一些硬纸盒，然后站在椅子上，把纸盒一个一个接着往上摆。	垂直图式的动作和符号表征。使用"更高"和"更低"等词汇。用合适的词汇介绍另一个单词。	计算盒子的数量，使物体保持稳定。更多关于垂直图式的经验，如电梯和自动扶梯等。	
达妮卡站在攀梯架上，顺着滑梯往下滑，嘴里说着"下去""上来"，还把玩具车和洋娃娃滚下斜坡。	做关于力和重力的实验。	体验了更多关于斜坡和滚动的经验，并且记录滚下去需要多长时间。	
达妮卡画了很多有"////"线条的画，说："这是从天上掉下来的水，它往下流，流到了我的踏板里"。	理解关于雨和环境等早期科学概念。	尽可能提供各种可以倾泻的工具，比如喷头、喷水壶等，鼓励儿童去观察，并用适当的语言给予提示。	
达妮卡的妈妈反馈说，达妮卡爬到楼梯最上方，观察一个球从楼梯弹下来。她妈妈很担心。	再一次做关于力和重力的实验。	在儿童观察、抛掷、弹起一些物体时，要为儿童提供适当的安全措施。	

记录对儿童的观察和计划下一步要采取的行动可以有多种形式，如果教育团队中的成员共享一个明确的评价观点和观察目的，并不断更新对儿童的观察记录，那么这种观察记录对于了解儿童的成长是最有用的。表9.3就是对一个4岁儿童的观察记录，这个儿童看起来似乎对垂直图式有着浓厚的兴趣偏好。这张表（表9.3）为我们提供了一种观察和评价儿童学习和进步的方式。它一开始就从儿童的需要和兴趣来做观察记录。经常跟这个儿童接触的老师记录了观察结果，并思考儿童的学习将会产生什么结果。更重要的是，通过这种观察记录，老师能够预测下一步可能会发生的事情以及需要采取的行动。记录观察日期和教师姓名缩写有助于老师日后的核对与反思。父母们也应该积极配合，为观察记录做出贡献。一部分父母也乐意为教学提供观察数据，并花时间与老师一起讨论儿童的学习结果和之后应采取的教育措施，像这样的记录就可以作为儿童成长记录的一部分。关于儿童能做什么的清晰详尽的记录，确实有必要进一步完善，这样，随着儿童的学习不断发展，其他教师也能在此基础之上有效地借鉴并构建新的教学策略。在这些观察中，如果能够把幼儿的图式作为观察焦点，那么，就能确保比较全面地记录下儿童的行为和学习。这就意味着能够把儿童"发生了什么事情"很好地记录下来，儿童学习可以有确切的评价，之后的课程发展和经验能够得到恰当的设计，以便匹配儿童的行为能力和思考能力。

本书探讨了有关评价的问题，提供了一些关于学习评价的例子。这种学习评价的目的并不是要得到一个结果,而在于扩展儿童的学习,为早期教育者提供丰富的信息并提高他们的教学能力。

? 思考问题与实践

1. 席勒(1979)认为儿童应该被"全面地"评价。这个观点对你的教育实践有什么影响?

2. 考虑一下你目前在教育实践中所做的评价。通过这些评价,你能了解到每一位儿童关于学习(包括孩子自己和父母参与)的独特性吗?

3. 你的评价实践在多大程度上有助于规划下一步的教与学?

4. 参考儿童评价有效性的几个问题中涉及的 7 个评价要素。这些要素与你在实践中所作的评价有什么关系?

5. "尊重"这一概念如何与你的评价实践相结合?

拓展阅读

Carr, M. (2007) *Assessment in Early Childhood Settings: Learning Stories*. London: Sage.

Glazzard, J., Chadwick, D., Webster, A. and Percival, J. (2010) *Assessment for Learning in the Early Years Foundation Stage*. London: Sage.

Nutbrown, C. and Carter, C. (2010) 'Watching and listening: the tools of assessment', in G. Pugh and B. Duffy (eds), *Contemporary Issues in the Early Years* (5th edn). London: Paul Chapman Publishing.

第十章

与父母一起工作

Working with parents

　　5 岁的萨拉正在家中花园里玩耍。这天阳光明媚，她正在给她的布娃娃洗澡。她熟练地从厨房打来一壶温水，将水倒入婴儿洗澡盆。为了不让水从壶中溢出，她非常小心地接水，然后每倒完一壶就要看看盆里的水是否已经够了。她将胳膊伸进澡盆试了试水温，告诉她的朋友，说："我这样做，是想看看水会不会烫伤娃娃的皮肤，娃娃的皮肤太嫩了，如果水温太高，它们会被烫伤的。"萨拉把娃娃的衣服脱下，并把它们放进了厨房的水槽里。"过会儿等娃娃睡着后我再洗衣服。我不用洗衣机洗，不然这些针织衣服会变形的。"她解释道。然后，她又回到花园，小心地把娃娃放入澡盆，轻轻将水撩到娃娃身上，并认真仔细地将肥皂抹在娃娃的头上，不让泡沫碰到娃娃的眼睛。"肥皂沫会刺痛娃娃的眼睛，要是弄到眼睛里，它就要哭闹了。"萨拉用唱歌一般轻柔低语的声音对娃娃咕哝着："等你干了以后，我们看看你今天想穿哪件衣服。"说完，她把娃娃从澡盆里提出来，将它温柔地平放在事先准备好的毛巾上，裹起来，轻轻地抱在怀里为它唱着摇篮曲。然后，她一只手抱着娃娃，让娃娃坐在她的大腿上，另一只手在篮子里挑娃娃的衣服。"我觉得今天穿这件绿色衣服不错。今天天气晴朗，但是有些刮风，这件衣服刚好，它是毛质的，又厚又暖和。"她一边给娃娃穿衣服，一边谈论着天气，说要把娃娃放到婴儿车里带它去商店转转，接着她又对娃娃说："等你睡着了，妈妈会给你洗衣服，然后喝杯咖啡，看看娱乐节目。"

萨拉都知道些什么呢？通过这种观察儿童玩耍的方式，我们又能从中了解到什么呢？她知道容积、满和空的程度，她了解关于温度的知识和相关术语，还了解如果婴儿澡盆里水温过高的后果，她懂得穿羊毛衣服可以保暖，她还懂得给婴儿洗澡要花费一些时间。这对儿童来讲是非常重要的经验，是爱与快乐的交流，也是关于说话、接触和拥抱的特别时光。这一切都说明她知道关心、爱护他人是需要花费一定时间的，同时这也是一件能够让人感到快乐的事情。这种能力的展示和人与人之间的交流互动代表着一种完整而有价值的学习经验。她是跟谁学到的这些东西？她怎么知道要做些什么？在上面这个例子中，这位小女孩运用了她帮助妈妈照顾刚出生的小弟弟时学到的知识。她的动作、语言和性格表明她看到了妈妈日常照顾弟弟的那些敏感的生活细节，并感受到了妈妈对孩子细致入微的关爱。

家长也是教育者

参与的态度

要想使儿童的学习和成长机会最大化，教育者必须认同家长在儿童学习中的作用。由于教育工作者有不同的思想体系和经历，因而对家长在儿童教育中所起的作用也必然持有不同的态度。由多学科专家组成的小组讨论了他们对家长角色的看法。以下评论列举了教育工作者认为家长——作为儿童的启蒙教师——应有的教育方式。

> 许多家长能够辅助我们制定日常的教育计划。并不需要专门开家长会来制定计划，但是家长可以在儿童需求、家长期望等方面为教师提供一些帮助，并尽力帮助教师寻求满足儿童需要的方式。（幼儿园教师）
>
> 那些专业工作者们忘记了家长其实是最先了解他们孩

子的人。(日托幼儿园管理人员)

通过与家长沟通合作,幼儿教育者能积极拓展幼儿的学习机会。家长和专业教育者在幼儿教育中都扮演着重要且独特的角色,所以我们应该承认并尊重他们各自的角色,以及对幼儿成长的好处。正如艾希所说:

> 家长和专业工作者都能各自帮助儿童成长,他们可以一起合作,给儿童带来最大的益处。家长能给予儿童实践方面的帮助(这一点许多家长已经做到了),但是对教师来说,最大的收益可能在于:通过与家长合作,促使他们的教学更具自觉性和明确的目的性。(Athey, 2007, p209)

早期儿童教育能有效发展的关键在于:教师和其他教育工作者能够思考他们对家长的态度,反思自己的工作,向家长清晰明确地阐述自己的教学方法,并与家长进行讨论、广泛交流。

合作关系

幼儿教育者必须继续审视自己对与家长合作的态度。对有些教育者来说,他们已经意识到与家长合作是他们工作中必不可少的部分,而其他教育者则认为与家长合作有一种危险的前景。因此,所有幼儿教育工作者都必须花时间去审视自己的内心，是否对一起工作的儿童家长持有深深的职业信任感。与家长共同分享教学方法如同打开了一扇通往新世界的大门。家长会看到他们的孩子把衣橱装满再倒空，在花园里做"麻花结"，沿着墙顶走来走去，或在人行道行走时避开地砖的缝隙。如果家长和教师能够对他们共同观察到的儿童的特点加以理解和解释，就能更好地了解儿童是如何学习有关空间、位置、运动和高度等概念的。

一些专业教育者很想与家长分享他们对幼儿学习的理解和专业知识，想让家长们感受到他们的贡献将是非常积极的。家长与专业的教育者在教学方面的共同合作与分享，能有效促进儿童的学习。在福禄贝尔早期教育项目的报告中，艾希也提到了家长参与的重要性：

> 此项目最重要的成果之一，就是所有的成年人都饶有兴趣地倾听和观察儿童的所说所做。没有什么比解释自家儿童的行为能更快、更永久地引起家长的兴趣了。家长参与的效果是非常显著的。（Athey, 2007, p209）

培养家长和保育员、学校、游戏小组，以及幼儿园之间的积极关系，需要家庭和学校等各方面共同努力，全力以赴。正如纳特布朗（2005）所表明的那样，良好的合作关系和教学方法能够促进儿童的学习和发展，使他们取得更大的成就。

家长对自己作为教育者的看法

本书中儿童的家长们曾被问起,他们认为自己在帮助孩子学习的过程中扮演着什么样的角色?他们的反应主要有以下三种类型:

◆ 家长并没有认识到他们所做的事情是在帮助他们的孩子进行学习;

◆ 家长认为他们的帮助是在家里对孩子进行"非正规的教学";

◆ 家长认为他们做了很多事来帮助孩子学习,但是认为幼儿园教育的益处增强了他们的能力。

第一类家长没有认识到他们所做的事情是在帮助儿童进行学习,他们对此是这样说的:

他在幼儿园里做游戏,不在家里做游戏。他太淘气了,从我这他没学到什么,但是他在幼儿园能学到东西,这就可以了。

我并不认为应该由我来帮助他在家学习,这应该是幼儿园的事。他想玩玩具就玩,我也相信家里并非教育的主阵地。但当他们在幼儿园或学校时,就必须要学习了。

我给她买玩具和一些东西是为了让她开心,但我认为我不该像一些家长一样尝试去教育她，比如教她学习色彩、数字等知识。

第二类家长认为自己在家中非正式地帮助孩子学习，他们对此是这样说的：

她上床睡觉时，我会给她唱她在幼儿园里学的歌。

我不会像在幼儿园的老师那样专门教她，但我会与她谈论她感兴趣的事情，回答她的问题。

我让他帮我沏茶，他喜欢把一些原料混在一起做蛋糕，他还帮我洗碗、整理物品。

我们家没有花园，这对双胞胎喜欢爬，很多时候我就带他们去路尽头的游乐场那儿玩。他们非常喜欢那儿，在那里跑跳、攀爬和捉迷藏。

第三类家长认为自己为孩子的学习做了许多事，但这是得益于幼儿园的教育，认为幼儿园教育提高了他们的能力，他们对此是这样说的：

在幼儿园能做的事情比家里多。我家有拼图玩具、绘画工具等，但是他们在幼儿园能玩水和沙之类的东西，也能从中学到很多知识。

在家里，我会给她读故事，但我们看图片看得多一些。

现在，我们做得更多的是阅读一些书籍，这还是采纳了你们的观点。

我喜欢幼儿园组织的短途旅行。回家后，我能和孩子一起讨论这次旅行，并欣赏她收集的东西。第二天，我们通常会把这些东西带来让你们再看一遍，把这些东西放在桌子上让其他人也看一看。

如果家长了解儿童的学习和思维方式，以及儿童如何将自己的想法通过交谈、画画和动作表达出来，就能更好地支持自己孩子的学习与发展，并且在家庭和幼儿园、学校或其他公共场合确保儿童学习与发展的连续性和进步性。如果家长能理解孩子的做法，并看到这种理解对儿童的学习和认知发展的价值，就能更好地与教师和其他教育者讨论这些问题。一些家长见多识广，能确保他们得到所需的信息。然而，专业教育者有责任确保所有的家长都有渠道、有机会讨论与他们孩子相关的信息。那些负责幼儿教育的专业工作者应当意识到，他们需要分配好与家长一起工作的时间和资源。如果提供平等的机会适用于教育实践中的任何事情，那么所有家长都应当有机会与教师一起阅读、讨论并反思当前研究中的儿童教育问题。若真能这样的话，家长可能就不会那么强调让儿童画出"完美"的画作，而是让儿童动态表征自己所见的事物，这种描绘需要儿童作出解释，虽然这样做可能减少了令人愉悦的美感。研究表明，许多父母认为，家长的参与和信息获取是非常重要的（Athey, 2007;

Bennett, 1990; Nutbrown et al., 2005; Parker, 2005; Smith, 1980; Weinberger, 1996）。考虑到这一点，下面这部分我们将探讨与家长交流的必要性和交流的方式。

与家长交流信息

福禄贝尔早期教育项目（Athey, 2007）之所以重要，有诸多原因。可能其中最重要的一个原因是它强调了家长和专业教育者的共同参与，还确定了与家长探讨儿童学习图式的有效方式（分享教学方法）。艾希（2007）讨论了家长、专业教育者和教学方法这三个重要因素之间的联系，描述了专业教育者帮助家长辨认儿童图式的方式，然后给家长建议如何为儿童拓展新的实践内容。

福禄贝尔项目的另一个发现就是强调儿童早期经验的重要性。这些经验包括参观建筑物，如威斯敏斯特教堂、公园、花园、伦敦动物园等，还包括观看人们跳舞、骑车、展示他们的技能和手艺。父母应该经常和儿童一起分享这些经验。艾希指出，随着项目的进展，家长与儿童交谈得更多了，他们会给儿童指出一些事和物让儿童去了解，并饶有兴趣地关注和参与到儿童正在发生、正在关注的事情中去。

福禄贝尔项目中最重要的部分可能就是制定策略来辨认和培养儿童的图式，并使家长和专业教育者能针对儿童的教学展开对话，最终促使儿童家长能够积极地参与到儿童的学习中去。

如果艾希的工作对专业教育者和儿童来说是有价值的话，那么，就需要进一步把艾希所说的家长、专业工作者和教学方法三个因素结合起来付诸实践。

小组会议

许多幼儿园和学校会举行家长会，向家长介绍学校的建筑、教育体系和观念，给家长介绍玩具馆、图书馆等设施。一些幼儿园也为家长举办了许多富有成效的"工作坊之夜"，尝试让家长积极参与学校的一些活动，教师可以在这里向家长解释他们教学行为背后的教育目的。早期教育工作者目前正在努力地与家长分享他们的知识经验，解释一些做法的缘由。这样的会议对于培养教师与家长之间的合作关系，以及促进彼此的理解有着重要意义。

目前，教师在与家长分享有关图式的观念和理念方面取得了令人激动的进展。通常情况下，有关图式的讨论先由教师或保育员主动向家长提及，随着讨论不断深入，家长们的兴趣也逐渐增加。在和家长一起工作的经历中，我有幸与不同类型幼儿教育机构的工作人员合作，并与小规模的家长团体讨论儿童图式和儿童的发展模式。

小组会议可以从观看儿童日常活动的图片开始，如：儿童使用攀爬架、藏在帐篷里、转动水车、用沙子填满容器、给洗衣机装满水、将"交通拥堵"中的小汽车排好队等。

当然，家长们立刻会发现这些都是他们最熟悉的儿童活动，家长们有时还会谈论儿童在家里进行的其他类似活动，比如：藏在床单下、在沙发后躲猫猫、探究锁和钥匙、着迷于一些小洞等。对熟悉的儿童活动的讨论可以给家长引入模式和图式的概念。同样，家长们也会反思自己孩子的行为图式，以下就是学习小组中家长们的陈述：

> 这就是她为什么喜欢把刀子和叉子用餐巾裹起来的原因！
>
> 现在我意识到他做那些事不是故意烦我，他只是想在小袋子里收集一些东西而已！
>
> 可能那就是他的口袋里总是装满石头的原因！
>
> 我之前以为她把椅子腿绑在一起是在淘气，现在我认为她可能是在做一个"连接图式"的活动。

以上这些是家长在理解儿童思维模式后的一些典型评论。在一次家长会上，家长们对儿童着迷于将水槽注满水这一情况进行了讨论。一些家长发现，如果从孩子自问自答的角度来思考孩子的行为，对于理解孩子有很大帮助，如"这些水要用来干什么？""如果……会发生什么？"家长了解到孩子只是对水着迷而已，并非要故意干坏事使浴室水流满地，这将有助于家长站在孩子的角度去理解孩子的行为。如果要阻止这种破坏行为，则需要家长和儿童相互理解，并且要为儿童提供不同的方式去探索水，这会使家长和孩子都感到满意。同时，这对儿童来说也是一次有益的经历，儿童从中可以学到一些东西，而不是招来家长的责备和惩罚。

一位妈妈在讨论结束后的第二天对幼儿园老师说：

> 我以前从来不觉得孩子在水槽里玩水与学习有关。这次开完会回家后，我就和孩子一起往蓄水池里灌水。我向她展示了水如何从水龙头流进管子里。我们把水池灌得满满的，她进了水池后，有一些水溢了出来。真是好玩极了。她笑了，并且玩了很久。她把水从一个容器倒进另一个容器，还把一些水泼在草地上。如果在以前，我会说："不要把水弄出来，你要是弄出来，我就不再往里面放水了。"但是昨天，我会往水池里加水，因为这对她来说也是一种学习。我希望我们能常开这样的会，它能够让我明白孩子是如何在日常生活中学习的，现在我意识到这一点了。（一个3岁7个月幼儿的母亲）

还有一些家长描述了他们参加小组会议的经历：

> 我喜欢这样的会议，在小组会议时，我们可以在小组里讨论我们的孩子，讨论他们能学到什么，他们怎样游戏，以及游戏怎样帮助他们学习。我现在明白了玩具、画画和游戏是怎样促进他们学习的。
>
> 现在，我真正理解了他从幼儿园的游戏中能学到什么。

我明白了上幼儿园并与其他孩子玩耍对他们来说不仅是件好事，还能教育他们。教师的确知道如何教孩子们在玩耍中学习。

这种会议帮助我学会了在家如何帮他学习，比如与他谈论他正在做的事情。

这样的会议很好，因为我能够说出我的金姆一系列行为的意义，教师也能够解释她正在学什么，并告诉我在家里我能做哪些事情来帮她学习。

我们有一周都在谈论有关数学的问题。我从来没想到我保存的所有盒子、酸奶瓶和管子可以作为教学工具来教他们学习形状。现在，当我和孩子拆商品包装时，我们会讨论盒子和其他东西的形状，或者数一数东西的数量。我之前认为她年纪太小还不适合学数学，但是他们在幼儿园学了很多，教师并没有强迫他们，数学知识更多是从玩耍中学到的。

我认为所有的家长都应该参加这样的会议，尽早了解有关儿童学习方面的知识。

我们练过书写。最开始收到会议通知时，我觉得这很愚蠢。但我知道她们从很小就开始假装书写像字母和购物清单一样的东西。赛迪就是这样做的，现在我会鼓励她。

当你开过几次这样的小组会议后，你就会感觉在孩子很小的时候教他们一些事物是你曾经做过的最好的事情，因为你在以一种不同的方式去看待你的孩子。

教育工作者需要进一步做的工作是：从教会家长识别行为模式到向家长解释怎样使用图式知识去规划、准备儿童的学习。教育者也可以和家长一起讨论经验的价值和重要性，告诉家长要给儿童不同的分享体验。与只在家里或后花园度过周末的孩子相比，周末经常和父母去不同且充满趣味的地方的儿童，更有机会拓展自己的思维。但是，所有家长都应该有机会知道如何去支持儿童的思维与拓展儿童的经验。对于无法承担昂贵外出旅游费用的家长，仍然可以有办法让儿童经历一系列不同的体验，比如利用当地的商店、附近的游乐场、乘坐公交、当地小馆子、车库等，或者与儿童聊聊道路维修或附近建筑发生过的事情。幼儿园和早期教育机构应该将这些经验融入他们的课程当中，并鼓励家长参与到这种课程计划的制定中。家访也是促使家长参与儿童学习以及教师分享教学方法的有效方式，并且广受欢迎。

通知、传单、小册子

除了与家长在安排好的共同对话时间进行谈论外，给家长分享一些书面资料也是非常有帮助的。作为展览儿童作品的一种形式，展签和儿童的画、活动时的照片，都能让家长和其他参观者了解到这些事情的价值。尤其是当儿童画的东西与他们所说的不一致时，又或是当家长来幼儿园接孩子回家却看到儿童的游戏和活动显得很"混乱"时，这种展览方式是最有用的。用这种方式展示信息有助于家园交流：尽管儿童的学习过程看起来很混乱（实际上也是如此），但是儿童所进行的活动对于他们的成长来说既重要又有价值。

下面的例子说明了在展览上阐释幼儿作品主要观点的几种方式。首先，第一个说明出现在展览板中央，展示儿童混合颜料并在大白纸上作画的照片，还有一些照片展示了两个孩子用丰富的色彩创作"拼贴"画的情景。这些画最终被覆盖了一层厚厚的棕色颜料，所有的图案和颜色都被毁掉了。还有个孩子把自己的画叠成了一个小正方形。教师把拼贴画和折叠物用照片展示出来，并配上文字供家长阅读：

> 这些儿童对形状非常感兴趣，他们能将这些形状拼凑在一起。他们将不同的色块拼在一起，然后用一种颜色覆盖。他们正在"封闭"空间和形状，并且将不同的东西放进去。他们正在学习空间、大小、颜色和模式。我们认为您应该愿意并喜欢看这些照片，也愿意看到孩子们的最终作品和绘画过程。

与家长分享信息的另一个例子是儿童绘画展览。这些展览作品包括儿童对垂直动作和物体的表征。其中有一幅画，画的是一个梯子靠在墙上，画画的儿童说："我帮忙修了坏掉的窗户。"另一幅画展示了一架飞机，有一些东西从飞机底部掉出来。儿童解释说:"我们去看了飞行表演,这个女士从飞机里跳了出来,落在田野里,她没受伤,但是以防万一,那里停了一辆救护车。"这个展览所配的文字是这样的:

> 一些儿童对能够上下运动的物体感兴趣。他们通过为图片填色和画画来展示这些物体。他们从观察物体中学到了许多东西,还能把这些物体画出来,并谈论它们。有时候,一些人认为儿童画的有关"上和下"的作品跟儿童的垂直图式有关。这意味着儿童的思维似乎与垂直运动物体的模式相吻合。如果您对此感兴趣,可以找幼儿园工作人员了解更多的相关知识。

一些家长对此很感兴趣,想要了解更多的相关信息。他们也有其他有关垂直图式的例子与大家分享:"保罗一直往他卧室的窗户外扔东西。当他那样做时我气得要抓狂了,但可能这就是他在运用他的图式吧。我以后不会让他那样做了,但我很高兴认识到,他那样做不只是因为他淘气。"这位家长说出了一个重要的观点。以上这个事例说明,我们要理解和识别儿童的图式,并使它与儿童的发展模式相适应,但这并不意味着我们要允许孩子做一些危险的、不被社会所接受,或者在当时情境下不太方便的事情。教师和家长讨论了鼓励保罗发展这种图式的方式,这种方式既满足了保罗从高处往下扔东西的兴趣,又不会给保罗、家人或路过的行人带来危险。

一位家长谈论了带孩子观察不同事物的重要性:

> 我常带她出去玩,让她充实一点,因为和孩子一起出去走走是一件非常美好的事情。我不知道为什么这是件好事,但这种好处似乎是显而易见的,但我从来没想过让她从中去思考、学习一些东西。现在,当我们去不同地方的时候,我会更多地注意观察她会经常做哪些事情。

对于那些想要阅读有关儿童图式和学习模式等内容的家长,传单和小册子就是传递信息的有用方式。

与家长单独交谈

除了以小组会议和书面形式分享信息外,家长与孩子的教师能够抽出时间一起交流也是相当重要的。在忙碌的教室和其他群体环境下,这说起来容易,要做到实属困难。那些对自己所拿薪水负责的教师必须时刻谨记:有效地教育幼儿意味着要与家长进行有效的沟通合作,但这确实需要花些时间。教师与每个家长单独谈论孩子这个方法是无法代替的,这也需要教师在实践中不懈努力。家长可以与教师分享儿童在家发生的事情,教师也可以跟家长分享儿童在幼儿园的情况,这样双方才能达成相互理解和充分沟通。

艾希的项目（2007）曾提到，教师需要花时间与家长进行单独交谈。这种交谈可以在上面所提到的一些活动中进行，也可以用展览、会议、通知和小册子的形式进行交流，同时可以辅以更个人以及更个性化的私人交谈。

评价

越来越多的家长开始记录自己孩子的发展过程，正如第九章中提到的，如何对早期教育进行整体评价，我们还有许多问题需要讨论。幼儿在家里游戏和学习的例子可以添加到儿童学习与发展的成长记录中，这将有利于评价过程的开展。家长参与评价再次表明，每一个对孩子的全面成长和发展有帮助的人都可以参与到评价中来。

合作规则

随着国家对幼儿教育的集中管理，建立以规则为基础的幼儿教育体系日趋重要。教育者必须确定自己的定位，明白行为背后的原因，坚信自己对幼儿学习所持的信念。有很多关于早期教育原则的讨论，其中有人认为，对这些原则的讨论应以幼儿学习与发展的评价（Drummond et al., 1992; Nutbrown and Carter, 2010）和教育的服务质量（Dahlberg et al., 1999; Nutbrown, 1998; Woodhead, 1996）为基础。

如果专业教育者想与家长合作顺利，就必须确定好合作规则，这是合作的基础。本章总结了六条合作规则，当教育者考虑与家长合作以及合作的意义时，当教育者在实践中制定与幼儿和家长相处的规则时，都可以参照这六条规则。这六条规则是：

- ◆ 父母是孩子的主要养育者；
- ◆ 一致性、连续性和渐进性；
- ◆ 平等和包容；
- ◆ 从儿童的兴趣出发安排工作；
- ◆ 尊重；
- ◆ 在爱中行使权力。

制定规则时要将意思表达明确，这一点非常重要。每一条规则都要明确清晰地表达出来，保证每一个人都能明白它的含义和用途。

规则1　家长是孩子的主要养育者

每一个与幼儿一起工作的人，无论在学校还是在其他场合，都应承认家长是孩子的主要养育者和教育者。家长对孩子的生活和学习经验的积累都负有明确的责任。教师和家长需要进行双向的对话、协商、信息交流与合作。家长是儿童第一位重要教育者，他们把孩子委托给幼儿园、游戏小组和学校来丰富和发展儿童的思维，让他们度过生命中那些微小但至关重要的时刻。在 5～16 岁期间，儿童需要在学校度过 15000 小时，大约 625 天，还不到两年的时间。

规则 2　一致性、连续性和渐进性

在参与方式方面，教育者与家长必须保持一致。例如，家长是否知道他们可以与谁交谈？有没有能与家长随时沟通的关键人物？有没有负责家长发展工作（与合作）方面的职员？学校、幼儿园和家长是否有共同的期盼？是否与家长有一致的、能够达成共识的合作原则？

如果已与家长建立初步的合作关系，那么就应该考虑如何继续维持这种关系。比如，要考虑连续性的合作应该是哪种类型？哪种做法更切合实际？怎样才能使成功的方案持续进行下去？为确保家长参与的渐进性和发展性以及家园之间的合作关系，我们还需要做些什么？这种参与和合作能一直保持像"星期二晨间阅读工作坊"这样好的水平吗？这种关系是否只停留在为幼儿园集资这一阶段？这种关系是否只停留在每周在操场上轮班的水平上？还是说家园合作关系已经从以上这些阶段发展到家长与专业教育者能在多方面进行双向合作、讨论、分享忧虑和喜悦的状态？

规则 3　平等和包容

所有家长都意识到自己角色的重要性了吗？所有的家长都相信与孩子相处的教育工作者们想让家长参与到孩子的教育中

吗？那些离异家长、经济困难的家长、有身体缺陷的家长、经常抱怨的家长、经常提出难题的家长、孩子有特殊教育需求的家长，如果想要参与到幼儿园的日常教育和发展中，他们都能如愿吗？又或是在小组环境中，教育者是否会以某种方式选择他们认为"最适合"他们所定义的角色的家长？在学习环境下，教师与家长的合作关系是否具有包容性？

规则4 从儿童的兴趣出发安排工作

与家长的合作是否发展了儿童的兴趣？家长和教育专家的合作是否会促进儿童的学习和发展，并增强其自尊和思维能力？儿童一直是教师和家长共同关注的焦点吗？有时，这也可能意味着教师和家长需要讨论一些会让人感到愤怒、脆弱和不愉快的事，这种讨论可能会使家长和教师感觉受到了挑战或攻击。有时，家长和孩子的教师必须讨论一些他们可能希望自己能够单独处理的事件、意外和实践活动，而在这一过程中，双方可能都会有难言之隐。家长需要问教师为什么安排这样的活动，教师则必须能够清晰明确地说出他们这样做的理由。从儿童的兴趣出发安排工作，意味着家长和专业教育者要对一系列的问题保持畅通的对话，不论这些问题是否受欢迎。

规则5 尊重

关键在于，教师和家长是否尊重彼此？他们是否理解和尊重彼此的角色和能力？他们是否意识到他们在幼儿生命中都扮演着重要的角色？集体环境中的教育工作者，如教师、保育员、游戏小组和幼儿园的工作人员，都必须尊重自己，同时也必须尊重与他们一起工作的儿童的家长，家长是儿童生命中不可或缺的、独一无二的关键角色。相互尊重是使家园合作达成显著成效，并能长久维系的重要因素。尊重既包括对自己工作的尊重，也包括对自己工作中所接触到的人的尊重。但是我们应该清楚，这里所说的尊重的含义是什么。正如之前提到的，尊重不是指"友好"，而是指清楚明确、诚实、礼貌、勤奋和始终如一。

规则6 在爱中行使权力

在幼儿的生命中，教育者和家长都是非常有权力的人。德拉孟德（Drummond, 1993）讨论了教师对自己被看作"有权力的人"这一观点的强烈感受。她指出，与她一起工作的教师认为"权力"是非常消极的东西。但她认为教师否定自己的权力让人感到不安。"为了让世界更美好，我们确实有权力教育学校里的儿童。倘若说严重点，否定我们拥有这样的权力也就是否认我们对儿童真正的责任。"（1993, p173）

对儿童来说，在生活中存在这种有权力的人是非常重要的。因此，父母和专业教育者应该承认他们的权力，并怀着爱意来使用它（Smail, 1984）。这是父母和专业教育者的责任，尽管经常感到无能为力，但是他们必须意识到，在幼儿的眼中，父母和专业教育者有时是无所不能的。他们的一言一行都会影响儿童，他们一皱眉，就能使儿童受到震慑，他们的一个微笑，又能让儿童感到无比幸福。"在爱意中行使权力"是家园合作中不可缺少的规则。

如果以上讨论的这六条规则能够实施，如果家长希望自己的孩子得到最好教育的愿望能够实现，那么就需要一群接受过专业训练的高质量教师，他们应与那些教年龄大一点的儿童的教师一样，拥有信得过的资质，并接受过严格的培训。

一些家长讨论了接受过专业培训、资质过硬的教师对于儿童成长的重要性。一位家长是这样评论她女儿的幼儿园教师的：

> 你是引导她了解世界的人。我需要知道你明白自己现在的工作是在做什么。我不会随便让老师影响我的孩子，除非我知道他们很了解自己正在做的事情。我也不想让一个孤陋寡闻的人教她。

与父母合作必须以建立牢固的合作关系原则为基础。如果家长和专业教育者能够相互尊重，如果他们承认彼此都拥有不同技能，各自拥有独立且重要的能力，如果他们能够共享有关儿童学习方面的重要信息，那么他们就能够从根本上支持儿童的学习，拓展儿童的思维。艾希的著作阐述了家长与教师之间相互学习的有效方式，即家长和专业工作者一起交流观察儿童的活动，专业工作者也会在活动中向家长清楚阐明他们的想法，并与家长分享他们的专业知识。

曾有研究者提出（Nutbrown et al., 2005），为了促进儿童早期读写能力的发展，教师需要有参加专业培训的机会，以便更好地发展他们与家长之间的合作。《提高早期读写成绩方案》中就提出了教师与家长一起工作的方法，以此来强化家长在儿童学习中肩负的四种特殊使命：提供机会，表示认可，与儿童互动，为儿童树立榜样（Nutbrown et al., 2005）。专业教育者可以在与父母的合作中使用这个框架，以便在读写学习中强化家长的这四个角色（Hannon and Nutbrown, 1997）。无论是最初的教师上岗培训还是后来的专业发展培训，教师都很少有机会去发展技能、增强自信，并思考与家长合作的问题。教师与家长之间的合作关系得到了广泛认可，认为它是进行高效有益的早期保教工作的关键因素，因此早期教育者需要更多的支持以发展他们与家长合作的技巧，增强与家长合作的自信。同时，早期教育者也需要更多的机会与家长分享他们的教学方法，为幼儿提供最大限度的学习机会。

❓ 思考问题与实践

1. 艾希的 3P 理论，即家长、专业教育者、教学方法，在你教儿童的过程中是以什么样的方式积极体现出来的？

2. 思考一下家长在孩子的学习中所扮演的角色。我们还能做些什么来鼓励家长更好地分享他们的知识？

3. 你所在的幼儿园是如何把家访作为一种与家长在儿童图

式方面进行合作的方式的?

拓展阅读

Draper, L. and Wheeler, H. (2010) 'Working with parents', in G. Pugh and B. Duffy (eds), *Contemporary Issues in the Early Years*. London: Sage.

Weinberger, J., Pickstone, C. and Hannon, P. (eds) (2005) *Learning from Sure Start: Working with Young Children and their Families*. Maidenhead: Open University Press.

参考文献

Abbott, L. and Moylett, H. (eds) (1997) *Working with the Under 3s: Responding to Children's Needs*. Buckingham: Open University Press.

Abbott, L. and Nutbrown, C. (eds) (2001) *Experiencing Reggio Emilia: Implications for Preschool Provision*. Buckingham: Open University Press.

Abbott, L. and Rodger, R. (eds) (1994) *Quality Education in the Early Years*. Buckingham: Open University Press.

Armstrong, M. (1990) 'Another way of looking', *Forum*, Vol. 33, No. 1, pp. 12–16.

Arnold, C. (1990) 'Children who play together have similar schemas.' Unpublished project report submitted as part of the Certificate in Post-Qualifying Studies validated by the National Nursery Examining Board.

Arnold. C. (2003) *Observing Harry*. Buckingham: Open University Press.

Arnold, C. (2010) *Understanding Schemas and Emotion in Early Childhood*. London: Sage.

Atherton, F. (2004) 'Unfathomable behaviour? How are children using a nursery environment to pursue their schemas?' MA in Early Childhood Education Dissertation, Department of Educational Studies, University of Sheffield.

Athey, C. (1981) 'Parental involvement in nursery education', *Early Child Development and Care*, Vol. 7, No. 4, pp. 353–67.

Athey, C. (1990) *Extending Thought in Young Children: A Parent–Teacher Partnership*. London: Sage.

Athey, C. (2007) *Extending Thought in Young Children: A Parent–Teacher Partnership* (2nd edn). London: Sage.

Bahti, M. (1988) *Pueblo Stories and Storytellers*. Tucson, AZ: Treasure Chest Publications.

Barratt, M.S. (2006) 'Inventing songs, inventing worlds: the "genesis" of creative thought and activity in young children's lives', *International Journal of Early*

Years Education, Vol. 14, No. 3, pp. 201–20.
Barratt, M.S. (2009) 'Sounding lives in and through music: a narrative inquiry of the "everyday" musical engagement of a young child', *Journal of Early Childhood Research*, Vol. 7, No. 2, pp. 115–34.
Bauman, Z. (1993) *Postmodern Ethics*. Oxford: Blackwell.
Beck, U. (1992) *Risk Society: Towards a New Modernity*. London: Sage.
Bennett, D. (1990) 'Happily to school', *Topic*, Issue 3, Spring.
Bennett, J. (1991) *Learning to Read with Picture Books*. London: Thimble Press.
Bissex, G.L. (1980) *GYNS AT WRK – A Child Learns to Write and Read*. Cambridge, MA: Harvard University Press.
Bowlby, J. (1953) *Child Care and the Growth of Love*. London and Baltimore, MD: Pelican/Penguin.
Bowlby, J. (1969/1982) *Attachment and Loss:* Vol. 1, Attachment. New York: Basic Books.
Bredekamp, S. (1991) *Developmentally Appropriate Practice*. New York: NAEYC.
Brierley, J. (1994) *Give Me a Child until He is Seven* (2nd edn). Lewes: Falmer Press.
Brown, R. (1973) *A First Language*. London: Allen & Unwin.
Bruner, J. (1960) *The Process of Education*. London: Harvard University Press.
Bruner, J. (1977) *The Process of Education*. Cambridge, MA: Harvard University Press.
Carr, M. (2007) *Assessment in Early Childhood Settings: Learning Stories*. London: Sage.
Carr, W. (1995) *For Education*. London: Open University Press.
Chapman, A.J. and Foot, H.C. (eds) (1976) *It's a Funny Thing Humour*. Oxford: Pergamon Press.
Chauduri, A. (1998) *A Strange and Sublime Address*. London: Vantage.
Christie, J.F. (ed.) (1991) *Play and Early Literacy Development*. New York: State University of New York Press.
Chukovsky, K. (1966) *From Two to Five*. Berkeley, CA: University of California Press.
Clay, M. (1972) *What Did I Write?* Auckland: Heinemann.
Coates, E. (2002) '"I forgot the sky!" Children's stories contained within their drawings', *International Journal of Early Years Education*, Vol. 10, No. 1, pp. 21–35.
Coates, E. and Coates, A. (2006) 'Young children talking and drawing', *International Journal of Early Years Education*, Vol. 14, No. 3, pp. 221–41.
Dahlberg, G., Moss, P. and Pence, A (1999) *Beyond Quality in Early Childhood Education and Care*. London: Falmer Press.
De'Ath, E. and Pugh, G. (1986) *Working with Parents: A Training Resource Pack*. London: National Children's Bureau.
Department for Children, Schools and Families (DCSF) (2008) *Statutory Framework for the Early Years Foundation Stage*. Nottingham: HMSO.

Department for Education and Employment (DfEE) (1996) *Desirable Outcomes of Nursery Education on Entry to Compulsory Schooling*. London: HMSO.

Department for Education and Employment (DfEE) (1997) *Dearing Review*. London: HMSO.

Department for Education and Employment (DfEE) (1998) *The National Literacy Strategy*. London: DfEE.

Department of Education and Science (DES) (1967) *Children and Their Primary Schools: A Report of the Central Advisory Council for Education (England)*, Vol. 1. London: HMSO.

Department of Education and Science (DES) (1989) *Aspects of Primary Education: The Education of Children Under Five*. London: HMSO.

Department of Education and Science (DES) (1990) *Starting with Quality: The Report of the Committee of Inquiry into the Quality of Educational Experience Offered to Three- and Four-Year-Olds*. London: HMSO.

Dewey, J. (1916) *Democracy and Education: An Introduction to the Philosophy of Education*. New York: The Free Press.

Dewey, J. (1990) *The School and Society & The Child and the Curriculum* (with new introduction by P.W. Jackson). Chicago: The University of Chicago Press (orig. pub. 1956).

Dickson, L., Brown, M. and Gibson, O. (1993) *Children Learning Mathematics – A Teacher's Guide to Recent Research*. London: Cassell.

Donaldson, M. (1983) *Children's Minds*. Glasgow: Fontana/Collins.

Dowling, M. (1988) *Education 3 to 5: A Teacher's Handbook*. London: Paul Chapman Publishing.

Drummond, M.J. (1993) *Assessing Children's Learning*. London: David Fulton.

Drummond, M.J. and Jenkinson, S. (2009) *Meeting the Child: Approaches to Observation and Assessment in Steiner Kindergartens*. A report from the Faculty of Education, University of Plymouth and the Steiner Waldorf Early Years Research Group.

Drummond, M.J., Rouse, D. and Pugh, G. (1992) *Making Assessment Work: Values and Principles in Assessing Young Children's Learning*. London: NES Arnold/National Children's Bureau (available from Early Childhood Unit, National Children's Bureau, 8 Wakley Street, London ECIV 7QE).

Dunn, J. (2004) *Children's Friendships: The Beginnings of Intimacy*. Oxford: Blackwell.

Early Years Curriculum Group (1992) *First Things First: Educating Young Children – A Guide for Parents and Governors*. Oldham: Madeleine Lindley (available from 79 The Acorn Centre, Oldham OL1 3NE).

Edelman, G.M. (2006) 'From brain dynamics to consciousness', Lecture 1 of IBM Research Almaden Institute Conference on Cognitive Computing (available at: http://video.google.com/videoplay?docid=7437432153763631391#).

Edelman, G.M. and Tononi, G. (2000) *A Universe of Consciousness: How Matter becomes Imagination*. New York: Basic Books.

Edwards, G., Gandini, L. and Forman, G. (eds) (2001) *The Hundred Languages of Children – The Reggio Emilia Approach to Early Childhood Education* (2nd edn). Norwood, NJ: Ablex.

Einstein, A. (1920) in A. Calaprice (1996) *The Quotable Einstein*. Princeton, NJ: Princeton University Press.

Elfer, P. (2002) 'Babies as scientists, artists, and communicators', *Montessori International*, January–March, pp. 32–5.

Elfer, P., Goldschmied, E. and Selleck, D. (2003) *Key Persons in the Nursery: Building Relationships for Quality Provision*. London: David Fulton.

Engel, S. (2000) *The Stories Children Tell: Making Sense of the Narratives of Childhood*. New York: W.H. Freeman and Co.

Erikson, E. (1950) *Childhood and Society*. New York: W.W. Norton.

Erikson, E. (1968) *Identity, Youth and Crisis*. New York: W.W. Norton.

Fair, S. (1989) *Barney's Beanstalk*. London: Macdonald.

Featherstone, S. (2008) *Again! Again!: Understanding Schemas in Young Children*. London: A & C Black.

Filippini, T. and Vecchi, V. (eds) (1996) *The Hundred Languages of Children: The Exhibit*. Reggio Emilia: Reggio Children.

Fontana, D. (1984) *The Education of the Young Child* (2nd edn). London: Blackwell.

Freire, P. (1970) *Pedagogy of the Oppressed*. London: Penguin.

Füredi, F. (2002) *Culture of Fear: Risk-taking and the Morality of Low Expectation*. London: Continuum.

Gammage, P. (2006) 'Early childhood education and care: politics, policies and possibilities', *Early Years*, Vol. 26, No. 3, pp. 235–48.

Gardner, H. (1980) *Artful Scribbles – The Significance of Children's Drawings*. London: Jill Norman.

Gentle, K. (1985) *Children and Art Teaching*. Beckenham: Croom Helm.

Gillespie Edwards, A. (2002) *Relationships and Learning: Caring for Children from Birth to Three*. London: National Children's Bureau.

Glazzard, J., Chadwick, D., Webster, A. and Percival, J. (2010) *Assessment for Learning in the Early Years Foundation Stage*. London: Sage.

Goldschmied, E. and Jackson, S. (2004) *People Under Three: Young Children in Day Care* (2nd edn). London: Routledge.

Goldschmied, E. and Selleck, D. (1996) *Communication between Babies in their First Year*. London: National Children's Bureau.

Goodman, Y. (1980) *The Roots of Literacy*. Claremont, NJ: Claremont, Reading Conference Year Book.

Gopnik, A., Meltzoff, A. and Kuhl P. (1999) *How Babies Think*. London: Weindenfield & Nicholson.

Graham, P. (2009) *Susan Isaacs: A Life Freeing the Minds of Children*. London: Karnac.

Green, C. (1987) 'Parents' facilitation of young children's writing', *Early Child Development and Care*, Vol. 28, No. 2, pp. 129–36.

Griffiths, A. and Edmonds, M. (1986) *Report on the Calderdale Pre-School Parent Book Project*. Halifax: Schools' Psychological Service, Calderdale Education Department.

Gura, P. (ed.) (1992) *Exploring Learning – Young Children and Blockplay*. London: Paul Chapman Publishing.

Hannon, P. (2003) 'Developmental neuroscience: implications for early childhood intervention and education', *Current Paediatrics*, Vol. 13, pp. 23–31.

Hannon, P. and Nutbrown, C. (1997) 'Teachers' use of a conceptual framework for early literacy education involving parents', *Teacher Development*, Vol. 1, No. 3, pp. 405–19.

Hassani, S. (2003) 'Children's schemas: a case study of learning interactions in a nursery setting with implications for practice.' MA in Early Childhood Education Dissertation, Department of Educational Studies, University of Sheffield.

Hirst, H., Hannon, P. and Nutbrown, C. (2010) 'Effects of a preschool bilingual family literacy programme', *Journal of Early Childhood Literacy*, Vol. 10, No. 2, pp. 183–208.

Hodgkin, R.A. (1985) *Playing and Exploring: Education through the Discovery of Order*. London: Methuen.

Holt, J. (1991) *Learning All the Time*. Ticknall, Derbyshire: Education Now Publishing Co-operative; Liss, Hants: Lighthouse Books.

House of Commons (1988) *Educational Provision for the Under Fives*. Education, Science and Arts Committee (first report). London: HMSO.

Hurst, V. and Joseph, J. (1998) *Supporting Early Learning: The Way Forward*. Buckingham: Open University Press.

Hutt, S.J., Tyler, S., Hutt, C. and Christopherson, H. (1989) *Play, Exploration and Learning: A Natural History of the Preschool*. London: Routledge.

Isaacs, S. (1930) *Intellectual Growth in Young Children*. London: Routledge & Kegan Paul.

Isaacs, S. (1933) *Social Development in Young Children*. London: Routledge & Kegan Paul.

Jenkinson, S. (2001) *The Genius of Play: Celebrating the Spirit of Childhood*. Stroud: Hawthorn Press.

Kabuto, B. (2010) 'Code-switching during parent–child reading interactions: taking multiple theoretical perspectives', *Journal of Early Childhood Literacy*, Vol. 10, No. 2, pp. 131–57.

Lee, J.S and Ginsburg, H.P. (2007) 'What is appropriate mathematics education for four-year-olds?: pre-kindergarten teachers' beliefs', *Journal of Early Childhood Research*, February, Vol. 5, No. 1, pp. 2–31.

Lofdahl, A. (2005) '"The funeral": a study of children's shared meaning-making and its developmental significance', *Early Years*, Vol. 24, No. 1, pp. 5–16.

Lujan, M.E., Stolworthy, D.L. and Wooden, S.L. (1986) *A Parent Training Early Intervention Programme in Preschool Literacy*. ERIC (Educational Resources Information Centre), Descriptive Report ED 270 988.

Lysaker, J.T., Wheat, J. and Benson, E. (2010) 'Children's spontaneous play in writers' workshop', *Journal of Early Childhood Literacy*, Vol. 10, No. 2, pp. 209–29.

Malaguzzi, L. (1996) 'The right to environment', in T. Filippini and V. Vecchi (eds), *The Hundred Languages of Children: The Exhibit*. Reggio Emilia: Reggio Children.

Marsh, J. (2005) 'The techno-literacy practices of young children', *Journal of Early Childhood Research*, Vol. 2, No. 1, pp. 51–66.

Marsh, J. (2010) 'Young children's play in online virtual worlds', *Journal of Early Childhood Research*, Vol. 8, No. 1, pp. 23–39.

Matthews, G. (1984) 'Learning and teaching mathematical skills', in D. Fontana (ed.), *The Education of the Young Child* (2nd edn). London: Blackwell.

Matthews, J. (1994) *Helping Children to Draw and Paint in Early Childhood: Children's Visual Representation*. London: Hodder & Stoughton.

Meade, A. and Cubey, P. (2008) *Thinking Children: Learning about Schemas* (2nd edn). Buckingham: Open University Press.

Meek, M. (1988) *How Texts Teach What Readers Learn*. Stroud: Thimble Press.

Miller, E. and Almon, J. (2004) *Tech Tonic: Towards a New Literacy of Technology*. College Park, MD: Alliance for Childhood (available at: www. alliance for childhood.org).

Montessori, M. (1949) *The Absorbent Mind*. Madras: Kalakshetra Press.

Montessori, M. (1963) *The Secret of Childhood*. New York: Ballantine Books.

Mort, L. and Morris, J. (1991) *Starting with Rhyme*. Leamington Spa: Scholastic Publications.

Moyles, J. (1989) *Just Playing? The Role and Status of Play in Early Childhood Education*. Milton Keynes: Open University Press.

NAEYC (2009) *Developmentally Appropriate Practice in Early Childhood Programs Serving Children from Birth through Age 8*. Position Statement of the National Association for the Education of Young Children. New York: NAEYC (available at: www.naeyc.org/files/naeyc/file/positions/PSDAP.pdf).

Nicholls, R. (ed.) with Sedgewick, J., Duncan, J., Curwin, L. and McDougall, B. (1986) *Rumpus Schema Extra: Teachers in Education*. Cleveland: Cleveland LEA.

Nutbrown, C. (1996) *Respectful Educators – Capable Learner: Children's Rights and Early Education*. London: Paul Chapman Publishing.

Nutbrown, C. (1997) *Recognising Early Literacy Development: Assessing Children's Achievement*. London: Paul Chapman Publishing.

Nutbrown, C. (1998) *The Lore and Language of Early Education*. Sheffield: University of Sheffield, USDE Publications.

Nutbrown, C. and Carter, C. (2010) 'The tools of assessment: watching and listening', in G. Pugh and B. Duffy (eds), *Contemporary Issues in the Early Years* (5th edn).

London: Paul Chapman Publishing.

Nutbrown, C. and Clough, P. (2006) *Inclusion in the Early Years: Critical Analyses and Enabling Narratives*. London: Sage.

Nutbrown, C. and Hannon, P. (1997) *Preparing for Early Literacy Education with Parents – A Professional Development Manual*. Nottingham: NES Arnold/REAL Project.

Nutbrown, C. and Hirst, K. (eds) (1993) *Using Stories to Stimulate Scientific and Technological Learning and Development with Children under Five*. Sheffield: City of Sheffield LEA.

Nutbrown, C. and Page, J. (2008) *Working with Babies and Children: From Birth to Three*. London: Sage.

Nutbrown, C. and Swift, G. (eds) (1993) *The Learning and Development of 3–5 Year Olds: Schema Observations* (2nd edn). Sheffield: City of Sheffield Education Department.

Nutbrown, C., Hannon, P. and Morgan, A. (2005) *Early Literacy Work with Families: Policy, Practice and Research*. London: Sage.

Oliver, J. (2005) *Jamie's Dinners*. London: Michael Joseph.

Page, J. (2005) 'Working with children under three: the perspectives of three UK academics', in K. Hirst and C. Nutbrown (eds), *Perspectives on Early Childhood Education: Contemporary Research*. Stoke-on-Trent: Trentham.

Paley, V.G. (1981) *Wally's Stories: Conversations in the Kindergarten*. Cambridge, MA: Harvard University Press.

Palmer, S. (2006) *Toxic Childhood: How Contemporary Culture is Damaging the Next Generation ... And What We Can Do About It*. London: Orion.

Parker, C. (2005) 'Working with families on curriculum: developing shared understandings of children's mark making', in C. Nutbrown (ed.), *Research Studies in Early Childhood Education*. Stoke-on-Trent: Trentham.

Payton, S. (1984) 'Developing an awareness of print: a young child's first steps towards literacy', *Educational Review*, No. 2, Birmingham University, Birmingham.

Piaget, J. (1953) *The Origin of Intelligence in the Child*. London: Routledge & Kegan Paul.

Piaget, J. (1962) *Play, Dreams and Imitation in Childhood*. London: Routledge.

Piaget, J. (1969) *The Mechanisms of Perception*. London: Routledge & Kegan Paul.

Piaget, J. (1971) *Biology and Knowledge*. Chicago: University of Chicago Press.

Piaget, J. (1972) 'Development and learning', in C. Stendler-Lavatelli and F. Stendler (eds), *Readings in Child Behavior and Development* (3rd edn). New York: Harcourt Brace Jovanovich.

Piaget, J. and Inhelder, B. (1956) *The Child's Conception of Space*. London: Routledge & Kegan Paul.

Plaskow, D. (ed.) (1967) *The Crucial Years*. London: Society for Education through Art.

Qualifications and Curriculum Authority (QCA) (2000) *Curriculum Guidance for the Foundation Stage*. London: QCA.

Qualifications and Curriculum Authority (QCA) (2002) *The Foundation Stage Profile*. London: QCA.

Reyes, I. (2006) 'Exploring connections between emergent biliteracy and bilingualism', *Journal of Early Childhood Literacy*, Vol. 6, No. 3, pp. 267–92.

Rouse, D. (ed.) (1990) *Babies and Toddlers: Carers and Educators–Quality for the Under Threes*. London: National Children's Bureau.

Rouse, D. and Griffin, S. (1992) 'Quality for the under threes', in G. Pugh (ed.), *Contemporary Issues in the Early Years: Working Collaboratively for Children*. London: Paul Chapman Publishing/National Children's Bureau.

Rutter, M. (1972) *Maternal Deprivation Reassessed*. Middlesex: Penguin.

Schickedanz, J. (1990) *Adam's Righting Revolutions–One Child's Literacy Development from Infancy through Grade One*. Portsmouth, NH: Heinemann.

Schiller, C. (1979) *Christian Schiller in His Own Words*. London: National Association for Primary Education/A & C Black.

Schools Curriculum and Assessment Authority (SCAA) (1996) *Baseline Assessment – Draft Proposals*. London: SCAA.

Schools Curriculum and Assessment Authority (SCAA) (1997) *The National Framework for Baseline Assessment*. London: SCAA.

Sheffield LEA (1988) *Dynamic Vertical Schema: Thoughts, Observations, Resources*. Sheffield: City of Sheffield Education Department.

Sheffield LEA (1989) *Enveloping and Containing Schema: Thoughts, Observations, Resources*. Sheffield: City of Sheffield Education Department.

Smail, D. (1984) *Taking Care: An Alternative to Therapy*. London: Dent.

Smith, M.K. (2002) 'Jerome S. Bruner and the process of education', *The Encyclopaedia of Informal Education*, 14 July.

Smith, T. (1980) *Parents and Preschool: Oxford Preschool Research Project*. London: Grant McIntyre.

Stendler-Lavatelli, C. and Stendler, F. (1972) *Readings in Child Behavior and Development* (3rd edn). New York: Harcourt Brace Jovanovich.

Stenhouse, L. (1975) *An Introduction to Curriculum Research and Development*. London: Heinemann.

Tait, M. and Roberts, R. (1974) *Play, Language and Experience*. London: OMEP.

Tinbergen, N. (1976) *The Importance of Being Playful*. London: British Association for Early Childhood Education.

Trevarthen, C. (1977) 'Descriptive analyses of infant communicative behaviour', in H.R. Schaffer (ed.), *Studies in Mother–Infant Interaction*. London: Academic Press.

Trevarthen, C. (2002) 'Learning in companionship', *Education in the North: Journal of Scottish Education*, No. 10, pp. 16–25.

Vygotsky, L.S. (1978) *Mind in Society*. Cambridge, MA: Harvard University Press.

Vygotsky, L.S. (1986) *Thought and Language*. Boston: MIT Press.

Waterland, L. (1985) *Read with Me–An Apprenticeship Approach to Reading*. London: Thimble Press.

Waterland, L. (1992) 'Ranging freely: the why and the what of real books', in M. Styles, E. Bearne and V. Watson (eds), *After Alice–Exploring Children's Literature*. London: Cassell.

Watson, V. (1992) 'Irresponsible writers and responsible readers', in M. Styles, E. Bearne and V. Watson (eds), *After Alice–Exploring Children's Literature*. London: Cassell.

Weinberger, J. (1996) *Literacy Goes to School*. London: Paul Chapman Publishing.

Whalley, M. (1995) *Learning to Be Strong*. London: Hodder & Stoughton.

Whalley, M. (2001) *Involving Parents in their Children's Learning*. London: Sage.

Wilson, H. (2002) 'Brain science, early intervention and "at risk" families: implications for parents, professionals and social policy', *Social Policy and Society*, Vol. 1, No. 3, pp. 191–202.

Winnicott, D.W. (1957) *Mother and Child: A Primer of First Relationships*. New York: Basic Books.

Winnicott, D.W. (1964) *The Child, the Family and the Outside World*. Harmondsworth: Penguin.

Winter, M. and Rouse, J. (1990) 'Fostering intergenerational literacy: the Mossouri Parents as Teachers Programme', *The Reading Teacher*, Vol. 24, No. 2, pp. 382–6.

Woodhead, M. (1996) *In Search of the Rainbow: Pathways to Quality in Large Scale Programmes for Young Disadvantaged Children*. The Hague: Bernard van Leer Foundation.

Wray, D., Bloom, W. and Hall, N. (1989) *Literacy in Action*. London: Falmer Press.

Yang, H-C. and Noel, A.M. (2006) 'The developmental characteristics of four- and five-year-old preschoolers' drawings: an analysis of scribbles, placement patterns, emergent writing and name writing in archived spontaneous drawing samples', *Journal of Early Childhood Literacy*, Vol. 6, No. 2, pp. 145–62.

引用儿童书籍

Ahlberg, J. and Ahlberg, A. (1982) *Funny Bones*. London: Picture Lions.
Ahlberg, J. and Ahlberg, A. (1999) *The Jolly Postman or Other People's Letters*. London: Heinemann.
Alborough, J. (2006) *Tall*. London: Walker.
Allan, P. (1990) *Who Sank the Boat?* Harmondsworth: Picture Puffin.
Anderson, H.C. (1992) 'The Emperor's New Clothes', in N. Ash and B. Higton (eds), *Fairy Tales from Hans Anderson – A Classic Illustrated Edition*. London: Pavilion Books.
Armitage, R. and Armitage, D. (2006) *The Lighthouse Keeper's Lunch*. London: Scholastic.
Armitage, R. and Armitage, D. (2008) *The Lighthouse Keeper's Picnic*. London: Scholastic.
Armitage, R. and Marlow, L. (2010) *A Very Strange Creature*. London: Orchard Books.
Beck, L. (1989) *The Teddy Bear Robber*. Toronto: Doubleday.
Blackstone, T. and Harter, D. (2008) *Bear at Work*. Bath: Barefoot Books.
Briggs, R. (1980) *The Snowman*. Harmondsworth: Puffin.
Brown, R. (1983) A Dark, Dark Tale. London: Red Fox.
Burningham, J. (1963) *Borka – The Adventures of a Goose with No Feathers*. London: Jonathan Cape.
Burningham, J. (1991) *Oi! Get Off Our Train*. London: Red Fox.
Burningham, J. (1992) *The Shopping Basket*. London: Jonathan Cape.
Burningham, J. (2001) *Mr Gumpy's Outing*. Harmondsworth: Puffin.
Butler, M.C. and Macnaughton, T. (2004) *One Snowy Night*. London: Magi.
Butterworth, N. (1997) *Jasper's Beanstalk*. London: Picture Lions.
Butterworth, N. (2003) *One Snowy Night*. London: Picture Lions.

Campbell, R. (1988) *My Presents*. London: Campbell Blackie Books.
Campbell, R. (1992) *Oh Dear!* Harmondsworth: Puffin.
Campbell, R. (1997) *Dear Zoo*. Harmondsworth: Puffin.
Carroll, L. (1865) *Alice's Adventures in Wonderland*.
Carroll, L. (1871) *Through the Looking Glass and What Alice Found There*.
Catley, A. (1989) *Jack's Basket*. London: Beaver Books.
Child, L. (2006) *The Princess and the Pea*. London: Puffin.
Child, L. (2007) *I Will Not Ever Never Eat a Tomato*. London: Orchard Books.
Clarke, M. and Voake, C. (1990) *The Best of Aesop's Fables*. London: Walker Books.
Cleminson, K. (2010) *Box of Tricks*. London: Red Fox.
Cleminson, K. (2010) *Wake Up!* London: Red Fox.
Cooper, H. (1999) *Pumpkin Soup*. London: Corgi.
Cooper, H. (2007) *A Pipkin of Pepper*. London: Corgi.
Cullen, A. and Rickerty, S. (2009) *Peas!* London: Puffin.
Dale, P. (1991) *The Elephant Tree*. London: Walker Books.
Dr Seuss (2009) *The Cat in the Hat*. London: HarperCollins.
Durant, A. and Gliori, D. (2004) *Always and Forever*. London: Harcourt.
Flack, M. and Weise, K. (1991) *The Story about Ping*. London: Random Century.
Gliori, D. (2007) *Goodnight Baby Bat*. London: Random House.
Gravett, E. (2007) *Meerkat Mail*. London: Macmillan.
Gravett, E. (2008) *The Odd Egg*. London: Macmillan.
Gravett, E. (2008) *Little Mouse's Big Book of Fears*. London: Macmillan.
Griffiths, N. (2005) *No Room for a Baby Roo!* Swindon: Red Robin Books.
Hill, E. (2003) *Where's Spot?* London: Heinemann.
Hughes, S. (1982) *Alfie Gets in First*. London: Picture Lions.
Hughes, S. (1991) *Up and Up*. London: Red Fox.
Hutchins, P. (1969) *Rosie's Walk*. London: Bodley Head.
Hutchins, P. (2001) *Titch*. London: Bodley Head.
Inkpen, M. (2001) *The Blue Balloon*. London: Hodder.
Lear, E. and Knight, H. (1991) *The Owl and the Pussycat*. London: Simon & Schuster.
Lumley, J., Fatus, S. and Penner, F. (2006) *The Journey Home from Grandpa's*. Bath: Barefoot Books.
Maris, R. (2001) *Hold Tight, Bear!* London: Walker Books.
Mark, J. and Voake, C. (1996) *Fur*. London: Walker Books.
McKee, D. (1990) *Elmer*. London: Andersen Press.
Murphy, J. (1982) *On the Way Home*. London: Pan Macmillan Children's Books.
Murray, A. and Snow, A. (2005) *On a Tall, Tall Cliff*. London: HarperCollins.
Oake, J. and Oake, J. (2004) *Naughty Bus*. Devon: Little Knowall Publishing.
Pearce, P. (1958) *Tom's Midnight Garden*. Oxford: Oxford University Press.
Pienkowski, J. (2000) *Dinner Time*. London: Gallery Five.
Prescott, S. (2009) *Small Mouse Big City*. London: Little Tiger Press.
Prescott, S. (2010) *On a Dark, Dark Night*. London: Little Tiger Press.

Rayner, C. (2006) *Augustus and his Smile*. London: Little Tiger Press.

Rosen, M. and Oxenbury, H. (2005) *We're Going on a Bear Hunt*. London: Walker Books.

Ross, T. and Willis, J. (2006) *Daft Bat*. London: Anderson.

Sendak, M. (1967) *Where the Wild Things Are*. London: Bodley Head.

Sheldon, D. and Smith, W. (1998) *A Witch Got On at Paddington Station*. London: Red Fox.

Sieveking, A. and Lincoln, F. (1989) *What's Inside?* London: Frances Lincoln.

Vagnozzi, B. (2004) *Jack and the Beanstalk*. Swindon: Child's Play.

Waddell, M. and Lord, L. (2009) *The Dirty Great Dinosaur*. London: Orchard Books.

Wilhelm, H. (1999) *I'll Always Love You*. New York: Knopf.

Williams, M. (1998) *Noah's Ark*. London: Walker Books.

Williams, M. (1998) *Joseph and His Magnificent Coat of Many Colours*. London: Walker Books.

Zion, G. and Bloy Graham, M. (1992) *Harry the Dirty Dog*. London: Bodley Head.

后记

儿童需要受过良好教育的教育者，他们可以进行专业而敏锐的反思。儿童需要教育者思考自己的工作，需要教育者反思自己的实践和相关研究，并从中得出新想法和新经验。儿童也需要教育者参加有关教育学和儿童学习的专业对话论坛，需要教育者把专业知识的发展和回应能力的进步作为自身责任的一部分。

《读懂幼儿的思维》一书阐述并讨论了幼儿的学习，同时也穿插了幼儿教育过程中对成人复杂角色的反思。要想丰富儿童的思想，承认并尊重他们惊人的思考和学习能力，那么无论在什么情况下，与幼儿一起工作的教育者都必须意识到这些不同又必要的角色。

孩子的心灵、思维和身体都非常有价值，并且值得珍惜。幼儿在成长发展中的各个方面都是有能力的思考者和学习者，这一事实必须得到我们的充分认可和尊重。这种尊重可以部分地体现在：确保与幼儿一起工作的成年人接受过适当的培训，持有合格的任职资格以及管理多项任务的丰富经验。同时，作为专业小组的一员，教育者应得到合理的报酬，其工作也应得到认可。所有儿童都有权利获得高质量的教育体验；他们同样有权利与成年人合作，而这些成年人必须能够意识到并履行自己作为教育者的重要作用和责任。为了保证给儿童提供多样化服务的质量，必须为教育从业者提供初步的入职培训和后续的职业发展机会——无论他们的具体角色或职业身份如何——以便更深入地探究和讨论所有幼儿的能力和潜力。同时，应该继续为在不同环境中与幼儿一起工作的人提供更多的平台，让他们能够彼此见面，共同探讨他们对儿童学习的观察结果，这样将会有效地促进儿童教育的发展。

如果要使政策、实践和教学方法能够充分适应所有幼儿在全球化世界中生活的学习需要，那么现在，在有良好智识的教育者的陪伴下，已经到了实现所有幼儿的学习权利的时候。

图书在版编目（CIP）数据

读懂幼儿的思维：图式与幼儿的学习：第4版／（英）凯西·纳特布朗著；范明丽，刘红萍译. — 上海：上海社会科学院出版社，2021
书名原文：Threads of Thinking
ISBN 978-7-5520-3527-8

Ⅰ. ①读… Ⅱ. ①凯… ②范… ③刘… Ⅲ. ①学前教育—教学研究 Ⅳ. ① G612

中国版本图书馆 CIP 数据核字 (2021) 第 054820 号

Threads of Thinking (Fourth edition)
by Cathy Nutbrown
Copyright © 2011 published by SAGE Publications, Ltd.
Simplified Chinese translation copyright © 2021 by Beijing Green Beans Book Co., Ltd.
ALL RIGHTS RESERVED

本书英文版最早由 SAGE Publications, Ltd. 出版，并在美国、英国、新德里发行，本书中文简体版由 SAGE Publications, Ltd. 授权青豆书坊（北京）文化发展有限公司在中国境内独家出版发行。

上海市版权局著作合同登记号：09-2021-0579

读懂幼儿的思维：图式与幼儿的学习（第 4 版）

著　　者	（英）凯西·纳特布朗（Cathy Nutbrown）
译　　者	范明丽　刘红萍
责任编辑	周　霈
特约编辑	贺　天
封面设计	主语设计
出版发行	上海社会科学院出版社
	上海市顺昌路 622 号　邮编 200025
	电话总机 021-63315947　销售热线 021-53063735
	http://www.sassp.cn　E-mail: sassp@sassp.cn
印　　刷	北京彩眸彩色印刷有限公司
开　　本	889 毫米×1194 毫米　1/32
印　　张	10
字　　数	200 千字
版　　次	2021 年 9 月第 1 版　2021 年 9 月第 1 次印刷

ISBN 978-7-5520-3527-8/G · 1077　　　　　　　定价：62.80 元

版权所有　　翻印必究

大家教育经典系列

《教育与美好生活》

作者：[英] 伯特兰·罗素
译者：谭新木

英国哲学家、数学家罗素论儿童教育的经典之作。
儿童是教育的主体，在教育中应当贯彻民主与自由的精神。
活力、勇气、敏锐与理智是优秀人格的基础，缺一不可。

大家教育经典系列

《教育的真谛》

作者：〔英〕尼古拉斯·泰特
译者：陈 玮

　　是向孩子的头脑中灌输各种知识，还是教会他们如何思考和探究，进而更有能力应对生活的挑战？撷取2500年来西方教育的思想精华，为当代教育找到智慧之光！

大家教育经典系列

《童年的秘密》

作者：[意] 玛利亚·蒙台梭利（Maria Montessori）

译者：单中惠

  蒙氏教育：唯一超越国家、种族、宗教差异并在全球普及推广的教育理念和系统教育方法。20世纪伟大教育家蒙台梭利经典之作，现代社会理解儿童的源头。只有理解孩子，才能为孩子提供真正有效的支持。